Votre santé a un sexe

Collection *Monde en cours*
créée par Jean Viard

www.editionsdelaube.com

ISBN 978-2-8159-6113-4

Matthias Savignac
Marlène Schiappa

Votre santé a un sexe

L'urgence de régler les inégalités femmes-hommes face à la santé

éditions de l'aube

De Marlène Schiappa
chez le même éditeur

Où sont les violeurs ? Essai sur la culture du viol, 2017 ; rééd. 2018, Mikrós essai, sous le titre *La culture du viol*
Laïcité, point, avec Jérémie Peltier, 2018
Le deuxième sexe de la démocratie, 2018
Une & Indivisible, 2019
Nos si petites ambitions. Pour une révolution de la réussite des femmes, 2024

De Matthias Savignac

Patron autrement, Stock, 2025

Avant-propos

À première vue, femmes et hommes ne semblent pas connaître de discriminations dans l'accès aux soins et à la santé. La maladie touche tout le monde, nous direz-vous ! Et les problèmes de désertification médicale ou de coût des soins impactent aussi bien les femmes que les hommes. Vous aurez raison d'affirmer cela.

Et pourtant…

Pourtant, certaines maladies restent réputées « masculines » ou « féminines » et sont donc moins bien dépistées chez les uns ou les autres.

Pourtant, les femmes restent majoritairement chargées des prises de rendez-vous pour toute la famille, entraînant un épuisement certain.

Pourtant, des préjugés demeurent, façon « un homme, ça ne pleure pas », entravant l'accès des hommes à la santé mentale et enjoignant des comportements différents entre femmes et hommes.

Plus surprenant : si l'on y regarde de plus près, les femmes vivent certes plus longtemps que les hommes, mais en moins bonne santé. Pourquoi ? Parce que derrière la question de la santé se cachent d'autres enjeux sous-jacents ; parce qu'en réalité ces différences ne sont pas uniquement subies, elles sont aussi le produit de choix individuels et collectifs. En effet, femmes et hommes ne se soignent pas de la même manière. Les femmes assument la charge mentale et administrative des soins de leur famille tandis que les hommes refusent encore souvent les simples visites chez le médecin. Ce n'est pas un cliché : c'est une réalité statistique.

En résumé, la santé des femmes souffre d'une injonction au conformisme tandis que la santé des hommes souffre d'une injonction à la performance. Ces deux injonctions enferment chacun dans un mode de fonctionnement éloigné des enjeux du soin.

Il ne s'agit donc pas de discrimination à proprement parler, mais de différentialisation de l'accès aux soins. Le corps des femmes sera considéré comme étant *au service* (de la reproduction, de la sexualité masculine, de la représentation physique ou de la beauté…) alors que le corps des hommes sera soumis à une injonction de performance (un homme fort et musclé, ça ne pleure pas, ne souffre pas, etc.). Chacun pâtira donc d'une forme d'injustice, différente et tout aussi enfermante. Les différences de rapport à la santé liées au sexe génèrent donc des inégalités.

Ce livre ne positionne pas les femmes en victimes des hommes ni même de la société, mais interroge les habitudes et les modes de fonctionnement différents, ainsi que les préjugés : ceux du corps médical sur les patients, ceux des malades sur eux-mêmes. Il revient sur des réalités chiffrées taboues, car ne correspondant pas aux discours ambiants, comme la part plus importante d'hommes morts tous les jours sur leur lieu de travail : ouvriers du BTP, couvreurs, militaires…

De nombreuses études chiffrées viendront par exemple démontrer que les hommes, comme les femmes, ne consultent pas suffisamment de médecins, ne se font pas suffisamment soigner, et surtout négligent bien trop la prévention, dans des domaines différents et pour des raisons purement liées à la construction sociale.

Du côté des femmes : annulation de leurs rendez-vous médicaux faute de temps disponible, maladies non diagnostiquées, les inégalités de traitement entre hommes et femmes dans les parcours de soins induisent une perte de chance pour les femmes. Ces injustices ont des conséquences importantes car une maladie détectée plus tard, c'est une maladie moins bien soignée, et au final une perte de chance.

Plus exactement, les femmes et les hommes se soignent différemment. Comme le dit la Dr Catherine Vidal :

> les codes sociaux de genre chez les patient(e)s influencent l'expression des symptômes, le rapport au corps et le recours aux soins. De la même manière, chez les professionnels de santé, les représentations sociales des maladies dites féminines ou masculines influencent l'interprétation des signes cliniques et la prise en charge médicale. Ces normes de genre viennent de loin car la médecine a été construite historiquement autour du corps masculin (paramètres physiopathologiques, description des symptômes, posologie, etc.).

Paradoxalement, on l'a dit plus haut, les femmes assument la charge mentale médicale de toute la famille élargie, prennent les rendez-vous chez le médecin, en ligne ou par téléphone, souvent au détriment de leurs propres rendez-vous. Elles font les plannings familiaux ou remplissent les documents de remboursement. Il leur incombe donc d'être à la manœuvre pour les autres sans gérer pour elles-mêmes leur bonne santé – et encore moins leur prévention ! Il y a quelques années, une étude de l'association Maman travaille avait démontré que les femmes annulent leurs rendez-vous médicaux quand elles sont débordées avant les autres engagements de la famille ou de leur vie professionnelle. C'est le « syndrome Doctolib » : la santé de la famille est à portée de clic mais elles n'ont jamais de place dans leur agenda pour elles-mêmes.

Du côté des hommes, ils vont par exemple moins chez le psy, font moins appel à des soins liés à la santé mentale. Selon une étude de Maud Le Rest relayée par Radio France, moins de 30 % des personnes qui consultent en psychothérapie sont des hommes. Si bien qu'il est difficile de dire que les deux tiers des dépressions touchent des femmes comme l'affirment les statistiques officielles, faute de véritable diagnostic pour les hommes. C'est avant tout un problème pour les hommes eux-mêmes. Ils sont surreprésentés dans des métiers fortement touchés par des vagues de suicide, comme par exemple les policiers ou les gendarmes (80 % sont des hommes). Ils sont également plus nombreux à pratiquer des loisirs armés (tir au pistolet, chasse…) et donc à pouvoir passer à l'acte par arme à feu. La dépression chez les hommes a donc une probabilité plus importante d'aboutir à un drame. Les programmes contre le suicide dans les différentes filières professionnelles se heurtent souvent à ces représentations de refus de l'émotion chez les hommes.

Cette situation de manque de soins psychologiques des hommes amène un collectif féministe américain à souligner que la santé mentale des hommes est une charge mentale et financière pour… les femmes. Subissant le comportement toxique d'hommes non passés par la thérapie, elles sont amenées à y aller elles-mêmes pour en traiter les conséquences, selon ce groupe.

Il subsiste encore beaucoup de tabous autour de la question de la santé mentale. Sans doute aussi une question autour de la représentation de soi. Un homme ne pleure pas, doit faire preuve de « force », doit affirmer sa masculinité et cacher ses faiblesses. L'impact négatif est fort sur les hommes, surreprésentés nous le disions dans les tentatives de suicide mais aussi dans l'adoption de comportements addictifs et à risque pour la santé (drogue, alcool, mise en danger physique, accidents de la route…).

En outre, et concernant les deux sexes, le tabou persistant des violences sexistes et sexuelles induit des problèmes de santé ou des refus de soin souvent passés sous silence. La présidente du Collectif féministe contre le viol, Emmanuelle Piet, explique par exemple pourquoi les femmes forcées à pratiquer des fellations ne vont pas chez le dentiste, et pourquoi les hommes agressés sexuellement dans l'enfance évitent les rendez-vous de contrôle de leur prostate. La question des violences sexuelles induit de nombreuses stratégies d'évitement du soin, générant des conséquences graves par la suite.

Ces quelques exemples nous montrent à quel point femmes et hommes sont traités de manière inégalitaire dans leur accès aux soins, et à quel point cela engendre des injustices.

Les pleurs des bébés sont interprétés (filles capricieuses, garçons exprimant un besoin physiologique…) et les médecins du travail abordent différemment les questions de prévention, l'on conseille plus fréquemment aux femmes des calmants ou des plantes et autres huiles essentielles…

À l'adolescence, le manque d'information sur la vie affective et sexuelle nuit aux femmes : agressions sexuelles, grossesses non désirées, IST, voire excision ou infibulation (60 000 en France), elles sont davantage touchées par les conséquences de l'absence d'informations sur les droits sexuels et reproductifs.

De la même manière, lorsque YouPorn est la seule source disponible pour obtenir des informations, il peut influencer la façon dont se construisent les relations entre les sexes.

Autour des questions de la maternité, le « tu accoucheras dans la douleur » reste présent et n'invite pas les femmes à exprimer leurs souffrances.

Les hommes, eux, sont davantage touchés par des cancers dits « du mode de vie » (poumon, foie, pancréas). Ils meurent statistiquement plus de cancers, mais les femmes supportent de plus grandes conséquences selon une étude ViaVoice pour l'Institut Curie : cicatrices, éviction sociale, ménopause précoce, etc.

À quel moment ces patients sont-ils considérés par le prisme de leur sexe ? Les inégalités sociales renforcent-elles ces différences de traitement ? À travers chaque moment de vie se logent sans doute des représentations ou des préjugés qui induisent des comportements de la part des individus comme des collectifs et même de la part des soignants.

La santé masculine : une injonction à la performance

Depuis des décennies, la perception du corps masculin est dominée par une logique de performance. Les hommes sont socialisés pour répondre à des attentes de force, d'endurance et de résistance. Ces normes culturelles influencent profondément leur rapport à la santé, les éloignant des soins préventifs ou curatifs.

Dr Jean-François Toussaint, directeur de l'Institut de recherche biomédicale et d'épidémiologie du sport, explique : « La société valorise un homme fort et capable. Cette pression dissuade les hommes de consulter un médecin lorsqu'ils sont malades ou en souffrance, car cela serait perçu comme une faiblesse. » (Conférence, université Paris-Cité, 2022)

Un exemple emblématique : le retard de diagnostic des maladies cardiovasculaires chez les hommes. Bien que cette population soit plus exposée à ces pathologies en raison de facteurs liés au mode de vie (stress, tabac, alcool), beaucoup d'hommes minimisent leurs symptômes pour éviter de paraître vulnérables. Résultat : les maladies sont souvent détectées à un stade avancé, avec des conséquences parfois fatales.

La pression sociale pousse également les hommes à adopter des comportements à risque. Une étude de Santé publique France (2020) révèle que 80 % des décès liés à des accidents de la route concernent des hommes. Cette tendance est renforcée par des normes de virilité qui valorisent la prise de risque, la vitesse et le dépassement de soi, au détriment de leur sécurité et de leur santé. Selon l'INSEE, les hommes (82 % des mis en cause) le sont davantage pour des actes plus violents. Ils sont surreprésentés parmi les mis en cause pour violences physiques sur personne de 15 ans ou plus (85 %), pour infractions à caractère sexuel (97 %), pour vol avec violence (93 %) ou encore pour destructions et dégradations (88 %). Cette surreprésentation dans la criminologie en général impacte forcément leur santé, avec cette particularité : les hommes sont la majorité des auteurs de toute forme de violence et elles affectent négativement les femmes et les hommes.

La santé féminine : une mise à disposition du corps

Le corps des femmes, quant à lui, est historiquement perçu comme un « outil » au service de la reproduction, de la beauté ou des besoins d'autrui. Cette vision influe sur la manière dont leur santé est abordée, à la fois par elles-mêmes et par les professionnels de santé.

Un exemple frappant : celui de la contraception. En France, 71 % des femmes en âge de procréer utilisent un moyen de contraception, contre seulement 4 % des hommes (Enquête INED, 2021). Cette responsabilité repose presque exclusivement sur les femmes, avec des impacts significatifs sur leur santé : effets secondaires des hormones, stress lié à la gestion de la fertilité, et charge mentale associée.

Dr Anne de Kervasdoué, gynécologue et militante pour la santé des femmes, déclare : « La santé des femmes est souvent envisagée sous l'angle de ce qu'elles peuvent faire pour les autres : porter un enfant, prendre en charge la contraception, ou même simplement répondre à des standards de beauté. Cela laisse peu de place à leurs propres besoins. » (Interview, France Culture, 2022)

Cette vision utilitaire du corps féminin se traduit également par des biais dans la prise en charge médicale. Par exemple, les douleurs des femmes sont fréquemment minimisées ou mal interprétées. Une enquête menée par l'association EndoFrance (2021) montre que 59 % des femmes souffrant d'endométriose se sont vues répondre que « c'est normal d'avoir mal pendant ses règles » avant d'obtenir un diagnostic. C'est exactement pour cela que la MGEN soutient l'application Lyv pour protéger les femmes face à l'endométriose.

Des diagnostics genrés et leurs conséquences

Les normes de genre influencent non seulement la perception mais aussi la prise en charge médicale des deux sexes. Les hommes sont souvent surdiagnostiqués pour des pathologies « visibles », comme les troubles comportementaux chez les enfants ou les maladies liées au mode de vie (alcoolisme, tabagisme), tandis que les femmes subissent des retards de diagnostic pour des maladies moins reconnues ou sont jugées « hystériques ».

Dr Catherine Vidal, neurobiologiste, insiste : « La médecine a été construite autour du modèle masculin, ce qui laisse peu de place à la complexité des symptômes féminins. Cela conduit à des retards de diagnostic, en particulier pour des maladies comme l'endométriose ou les troubles cardiaques féminins. » (Conférence, CNRS, 2020)

Une santé façonnée par les stéréotypes…

Les représentations sociales autour des corps masculins et féminins façonnent également les attentes des patients eux-mêmes. Les hommes ont tendance à ignorer leurs symptômes ou à attendre des soins rapides et efficaces, tandis que les femmes, habituées à la mise à disposition de leur corps, acceptent souvent des consultations invasives ou des traitements longs sans toujours poser de questions.

Dr Marie-Claude Benattar, psychologue spécialisée dans la relation médecin-patient, affirme : « Les attentes genrées influencent la relation avec le système de santé. Les femmes sont souvent perçues comme des patientes obéissantes, tandis que les hommes doivent être pris en charge rapidement pour éviter de les perdre. » (Rapport, Institut Curie, 2021)

Cette dynamique conduit à une double injustice : les femmes supportent une plus grande charge médicale, et les hommes souffrent de traitements parfois inadéquats ou insuffisants.

… et une médecine construite sur des biais genrés !

Des biais historiques dans la recherche médicale

La médecine moderne s'est historiquement construite autour du corps masculin, ce qui a créé des biais dans les diagnostics comme dans les traitements. Jusqu'aux années 1980, les essais cliniques excluaient souvent les femmes pour éviter les fluctuations hormonales, par exemple. Résultat : les femmes sont aujourd'hui 50 % plus susceptibles que les hommes de subir des effets secondaires graves pour un même traitement (*Clinical Pharmacology & Therapeutics*, 2020).

Par exemple, les traitements pour maladies cardiovasculaires sont largement basés sur des données masculines. Donc les hommes encaissent un retard de diagnostic, mais les femmes subissent des diagnostics à côté de la plaque, comme le démontre Agir pour le Cœur des Femmes qui mène des travaux de sensibilisation considérables sur le sujet. À date, le manque de prise en compte des spécificités féminines a pour conséquence un sous-diagnostic chez les femmes : elles présentent des symptômes différents, comme des douleurs abdominales ou une fatigue extrême, souvent attribués à tort au stress. Les hommes, quant à eux, souffrent d'un sous-diagnostic dans des maladies considérées comme « féminines », telles que l'ostéoporose, qui touche pourtant un homme sur cinq après 50 ans (INSERM, 2022). Le site Ameli explique que les femmes sont plus touchées en raison de la ménopause : c'est sûrement vrai, mais cela induit une fois encore un biais dans le diagnostic.

Un système de soins et de recherches inadapté aux différences de genre

Certains traitements et équipements médicaux ne prennent pas en compte les spécificités biologiques des femmes, comme les implants cardiaques conçus pour des morphologies masculines (*The Lancet*, 2021). Par ailleurs, des maladies comme l'endométriose, qui touche une femme sur dix, ont longtemps été ignorées par la recherche médicale. En revanche, certaines pathologies masculines, comme le cancer de la prostate, bénéficient d'une meilleure couverture médiatique et de campagnes de dépistage plus fréquentes. Ce sont les femmes elles-mêmes qui ont dû s'organiser via des associations de malades ou des start-up afin de sensibiliser le grand public à cette maladie.

Alors qu'aucun homme souffrant de cancer de la prostate n'a créé « MaProstate.Com » pour tout dire de sa maladie…

Il est impératif d'intégrer systématiquement les différences de genre dans la recherche médicale. Cela implique d'adapter les essais cliniques, de diversifier les cohortes de patients, et de financer des études spécifiques aux besoins des femmes et des hommes. En adoptant cette approche, on pourrait réduire les retards de diagnostic, améliorer l'efficacité des traitements et offrir à tous les mêmes chances face à la maladie.

Cette indignation face aux inégalités entre femmes et hommes face à la santé, nous la ressentons tous les deux chacun dans nos rôles : l'un président d'une grande mutuelle, président du CA d'une fondation pour la recherche ; l'autre ancienne ministre et présidente d'ONG de femmes. Nous refusons que ces injustices et ces iniquités perdurent, alors que les hommes comme les femmes se retrouvent piégés dans un système où les plus activistes des médecins comme des patients se heurtent à l'inertie du « on a toujours fait comme ça ». Les stéréotypes de genre percutent la santé des femmes et la santé des hommes, différemment, mais d'une manière quasi automatique. C'est ce que nous dénonçons ici, en mettant à jour des études chiffrées précises et des analyses rigoureuses. Pour qu'enfin, votre santé n'ait plus de sexe féminin ou masculin.

1
Dès la naissance, un traitement inégal

La naissance des inégalités de genre dans les soins médicaux

Dès les premiers instants de vie, les enfants sont pris dans des dynamiques différenciées selon leur sexe, qui influencent profondément leur santé. Ces biais, souvent invisibles, ont des conséquences majeures tout au long de la vie. Une étude publiée dans *Pediatrics* (2019) illustre ce phénomène avec une statistique glaçante : les bébés filles reçoivent 20 % moins d'analgésiques après une intervention chirurgicale que les garçons. Ce chiffre traduit un préjugé culturel persistant : les filles seraient plus « résistantes » à la douleur (souffrir pour être belle, accoucher dans la douleur…) une perception profondément ancrée qui continue à influencer la prise en charge médicale à l'âge adulte.

La Dr Muriel Salle, historienne de la santé, explique : « Dès la naissance, la douleur des filles est moins prise en compte, car elles sont perçues comme étant plus fortes ou plus stoïques que les garçons. Ce préjugé genré se perpétue dans toute la pratique médicale. » (*Le Monde*, 2020)

La question des tests d'APGAR (mesurant la santé globale du nouveau-né à la naissance) est par exemple marquante : les scores des filles sont légèrement plus élevés en moyenne. Cette observation devrait conduire à une attention accrue aux besoins spécifiques des garçons, mais l'inverse se produit souvent : on les surprotège, tandis que les douleurs ou inconforts des filles sont plus facilement minimisés. Cette différence de traitement est une première pierre dans l'édifice des inégalités de santé.

Le sous-diagnostic des filles : quand les troubles passent inaperçus

Dès l'enfance, certains troubles sont massivement sous-diagnostiqués chez les filles. L'exemple de l'autisme est particulièrement révélateur : selon une étude de l'INSERM (2021), les garçons ont quatre fois plus de chances d'être diagnostiqués autistes que les filles. Cela ne signifie pas que l'autisme est quatre fois plus fréquent chez les garçons, mais bien que les manifestations chez les filles diffèrent et passent souvent inaperçues. Ces dernières développent des stratégies de « camouflage » en imitant les comportements sociaux attendus, ce qui complique leur identification. Elles vont comprendre qu'il faut cesser de se balancer, essayer de regarder dans les yeux, sourire quand on vous sourit… et mimer un comporter neurotypique. C'est un véritable problème car l'ensemble des syndromes liés au spectre autistique sont totalement oubliés dans les diagnostics posés sur les filles, de même que le TDAH par exemple, comme en témoignent de plus en plus de jeunes filles s'emparant des réseaux sociaux ou de l'écriture de livres pour alerter.

Dr Catherine Vidal, neurobiologiste et membre du comité d'éthique de l'INSERM, souligne : « L'autisme chez les filles est sous-diagnostiqué car leurs symptômes ne correspondent pas aux schémas classiques établis sur les garçons. Cela entraîne un retard considérable dans leur prise en charge. » (*INSERM Magazine*, 2021)

Les conséquences sont dramatiques : un diagnostic tardif prive ces jeunes filles d'un accès précoce à des thérapies comportementales, souvent cruciales pour leur développement. Selon une enquête menée par le *Journal of Autism and Developmental Disorders* (2020), les filles diagnostiquées après l'âge de 10 ans sont 60 % moins susceptibles de bénéficier d'un accompagnement adapté que celles diagnostiquées avant cet âge.

Une surmédicalisation des garçons : quand l'excès remplace le soin juste

À l'inverse, les garçons sont fréquemment surdiagnostiqués pour des troubles comportementaux ou neurologiques, notamment le TDAH. Une étude américaine publiée dans le *Journal of Pediatrics* (2018) révèle qu'ils reçoivent 50 % plus de prescriptions de Ritaline que les filles. Pourtant, une analyse approfondie des cas montre que bon nombre de ces prescriptions ne sont pas justifiées par un diagnostic formel. En fait, les garçons sont souvent médicalisés pour des comportements perçus comme dérangeants, mais qui relèvent parfois simplement de la norme développementale, ou pour des conséquences d'éducation plus laxiste, « c'est un garçon, laisse-le courir partout », requalifiées en trouble quelques années plus tard.

Le Dr Bruno Falissard, pédopsychiatre, explique : « Les garçons sont souvent orientés vers des traitements médicamenteux pour des comportements jugés difficiles. Cette approche rapide masque parfois des besoins éducatifs ou émotionnels spécifiques. » (France Inter, 2021)

Cette surmédicalisation n'est pas sans conséquences. La prescription précipitée de médicaments tels que les psychostimulants peut entraîner des effets secondaires importants, notamment des troubles du sommeil ou de l'appétit, et affecter leur développement à long terme. Cela traduit une approche genrée où l'on cherche à corriger rapidement les comportements perçus comme perturbateurs chez les garçons, tandis que les filles, plus discrètes, ne reçoivent pas l'aide dont elles auraient besoin.

Les biais culturels qui influencent les diagnostics

Ces différences de traitement trouvent leurs racines dans des stéréotypes de genre profondément enracinés. Dans l'imaginaire collectif, les garçons sont souvent perçus comme « difficiles » et nécessitant une intervention active, tandis que les filles sont considérées comme naturellement « sages » et capables de se gérer elles-mêmes. Cette perception biaisée influence non seulement les parents, mais aussi les enseignants et les professionnels de santé.

Selon le sociologue Jean-Claude Kaufmann : « La construction sociale du genre influence dès l'enfance les attentes des parents et des enseignants, ce qui se traduit par des inégalités de soins entre filles et garçons. » (*Casseroles, amour et crises*, Armand Colin, 2020)

Les conséquences à long terme des premiers biais

Ces inégalités précoces laissent des traces indélébiles. Les filles sous-diagnostiquées pour des troubles comme l'autisme ou le TDAH ont plus de risques de développer des troubles anxieux ou dépressifs à l'adolescence, faute d'accompagnement adapté. Quant aux garçons surmédicalisés dès l'enfance, ils peuvent développer une méfiance durable envers le système médical, en raison d'expériences perçues comme intrusives ou inutiles.

Selon Emmanuelle Piet, présidente du Collectif féministe contre le viol : « L'invisibilisation des besoins spécifiques des filles dans le domaine médical est une forme de violence symbolique. Cela conduit à des diagnostics tardifs et à des inégalités majeures dans les parcours de soin. » (France Info, 2022)

Une étude publiée dans le *British Medical Journal* (2021) montre que ces écarts dans les soins contribuent à renforcer les stéréotypes genrés à l'âge adulte. Les femmes, qui ont appris à minimiser leurs douleurs ou leurs besoins, sont moins susceptibles de consulter en cas de symptômes graves. À l'inverse, les hommes, habitués à une intervention excessive dans leur enfance, peuvent devenir réticents à demander de l'aide pour des problèmes de santé mentale ou physique.

Repenser la prise en charge dès l'enfance

Pour lutter contre ces inégalités structurelles, il est essentiel d'intervenir dès les premières années de vie. Cela passe par :

- une formation adaptée des professionnels de santé : inclure des modules sur les différences genrées dans les symptômes et les comportements dès les études médicales ;
- une sensibilisation des enseignants : leur rôle clé dans le signalement des troubles doit s'accompagner d'une éducation pour éviter les biais de genre ;
- une collecte de données genrées : aujourd'hui encore, de nombreuses études en pédiatrie n'intègrent pas de segmentation par sexe, rendant invisibles ces inégalités.

La Dr Aline Laquerrière, pédiatre et militante pour une santé inclusive, conclut : « Traiter équitablement filles et garçons dès leur plus jeune âge est une question de justice sociale autant que de santé publique. Ces premières années de vie déterminent le bien-être à long terme. » (*Le Figaro Santé*, 2021)

Repenser la santé dès la petite enfance, c'est donner une chance égale à chaque individu de grandir en bonne santé. C'est aussi, plus largement, une étape fondamentale pour construire une société plus juste et inclusive.

Les grands scandales sanitaires impactent davantage les femmes

Dès la naissance, une fille connaît une plus grande probabilité d'être confrontée à un scandale sanitaire qu'un garçon.

Les scandales sanitaires sont rarement neutres. Ils ont un visage, un corps, et trop souvent ce corps est celui d'une femme. Pourquoi ? Parce que les femmes sont les grandes oubliées, les grandes sacrifiées, les grandes invisibles de la médecine. Pas parce qu'elles n'existent pas. Mais parce que, pendant des siècles, on ne les a pas écoutées. Parce qu'on a préféré minimiser leurs douleurs, ignorer leurs spécificités, les enfermer dans des rôles que la société leur impose :

mères, épouses, objets de désir ou d'apparence. Ces injonctions toxiques ne s'arrêtent pas à la porte des laboratoires pharmaceutiques ou des cabinets médicaux. Elles les traversent de part en part.

Prenez le Distilbène, ce médicament qu'on a prescrit en masse à des femmes enceintes pour « protéger » leurs grossesses. Protéger, vraiment ? Le résultat : des milliers de femmes qui, des décennies plus tard, découvrent que leurs enfants – surtout leurs filles – ont hérité d'un lourd fardeau. Cancers, malformations, infertilité. Et pour quoi ? Pour rien. Parce que le Distilbène n'a jamais vraiment fonctionné. C'était un mensonge scientifique, mais un mensonge commode, parce que qui allait se battre pour ces femmes et leurs bébés ? À l'époque, personne.

Ensuite, il y a eu les pilules de troisième génération. Vendues comme plus modernes, plus « douces », presque comme des gadgets *lifestyle*. Et pourtant, des femmes jeunes, en bonne santé, se sont retrouvées à faire des AVC ou des embolies pulmonaires. Les risques étaient connus, mais bien sûr, on a préféré les minimiser. Pourquoi ? Parce que la contraception, c'est toujours un « problème de femmes », non ? Pas besoin de leur expliquer, pas besoin de leur laisser le choix. Avalez, et taisez-vous. Si on parlait vraiment de justice contraceptive, on mettrait autant d'efforts à développer une pilule pour hommes, mais où est-elle, celle-là ? Ah oui, elle n'existe pas. Et ne parlons même pas du vieux fantasme de la pilule en vente dans les Monoprix comme le fredonnait Antoine dans ses élucubrations. Une vision du contrôle du corps des femmes les oblige encore à passer par des ordonnances à renouveler régulièrement, peu importe leur âge ou leur connaissance de leur corps. Pendant le confinement, nous avions obtenu, avec Olivier Véran, le renouvellement automatique de ces ordonnances, qui est resté en vigueur.

Et le Mediator, ce coupe-faim maquillé en antidiabétique, prescrit à des milliers de femmes dans une société obsédée par la minceur. Parce qu'être une femme, c'est vivre avec cette idée qu'il faut se « réparer » en permanence : maigrir, se taire, s'adapter. Résultat : des valvulopathies cardiaques, des décès évitables et des vies brisées. Mais tant qu'on peut vendre l'illusion d'un corps « parfait », tant qu'on peut exploiter ces pressions esthétiques, la santé des femmes passe au second plan. Elles veulent maigrir ? Donnez-leur un médicament dangereux. Ce qui compte, c'est qu'elles rentrent dans le moule. Littéralement. Et que dire de l'Ozempic, dont personne n'a encore d'idée précise de ses effets secondaires à long terme mais qui s'arrache à grand renfort de vidéos Instagram de stars ayant maigri comme par magie ?

Le Levothyrox, maintenant. Un médicament vital pour des millions de femmes souffrant de troubles thyroïdiens. Mais quand la formule a changé et que des patientes ont commencé à crier leur souffrance – vertiges, douleurs, épuisement –, qu'est-ce qu'on leur a répondu ? « C'est dans votre tête. » C'est toujours dans leur tête, n'est-ce pas ? La douleur des femmes est un mythe, leur souffrance, une hystérie. Voilà le véritable diagnostic d'un système médical patriarcal. Ce n'est pas le corps qui pose problème, c'est leur parole.

Et n'oublions pas le scandale des prothèses mammaires PIP. On a rempli des seins de femmes avec du gel industriel, sans contrôle, sans remords. Des seins. Parce que ce sont eux, aussi, qui résument le plus souvent les femmes dans l'imaginaire collectif. Les seins qu'on sexualise, qu'on modèle, qu'on « répare » pour correspondre aux standards de beauté. Peu importe si le gel fuit, si l'infection ronge, si la douleur consume. Ce qui compte, c'est que tout soit joli en surface. Les femmes ? Un produit comme un autre.

Pourquoi les grands scandales sanitaires touchent-ils surtout les femmes ?

Parce que la médecine ne traite pas les femmes comme des patientes. Elle les traite comme des corps à gérer, à domestiquer, à « optimiser ». Pendant trop longtemps, la recherche médicale n'a étudié que les hommes, les prenant pour la norme universelle. Les femmes, avec leurs hormones « compliquées », leur métabolisme « différent », étaient un détail gênant. Résultat ? Les médicaments sont développés pour des hommes, testés sur des hommes et leurs effets sur les femmes sont un mystère qu'on découvre après, sur le terrain, quand les scandales éclatent.

Ajoutez à cela une bonne dose de paternalisme : on infantilise les patientes, on minimise leurs douleurs, on ignore leurs alertes. Une femme qui souffre, c'est « dans sa tête ». Une femme qui se bat pour être prise au sérieux, c'est une « emmerdeuse ». Et les industries pharmaceutiques exploitent tout cela : les injonctions au corps parfait, à la minceur, à la performance. Elles savent que les femmes sont une cible facile, parce que leur santé passe toujours après tout le reste : leur rôle de mère, leur apparence, leurs « obligations ».

Ce que ces scandales nous disent, c'est qu'il est temps de changer les règles.

Il est temps d'écouter les femmes. De croire leurs douleurs, de respecter leurs choix, de les traiter comme des individus, pas comme des clichés. Il est temps d'investir autant d'argent, de temps et d'énergie dans la recherche sur les maladies qui les touchent : l'endométriose, les cancers gynécologiques, les pathologies thyroïdiennes. Et il est temps, surtout, de leur rendre justice.

Les scandales sanitaires ne sont pas des accidents. Ce sont les symptômes d'un système médical profondément sexiste. Tant que la médecine traitera les femmes comme des sujets de second rang, tant qu'elle fera passer leurs corps après les profits, il y aura d'autres Distilbène, d'autres Mediator, d'autres Levothyrox.

FOCUS
Modes de vie

Modes de vie : alcool, tabac, travail et conduites à risque, des impacts genrés sur la santé

Quand les modes de vie reflètent les inégalités de genre

Les modes de vie influencent profondément la santé, mais leurs impacts varient selon le genre. Les attentes sociales et les comportements induits par les normes de genre jouent un rôle majeur dans la prévalence de certains facteurs de risque, comme l'alcool, le tabac, la pénibilité du travail ou les conduites à risque. Les hommes sont souvent surreprésentés dans les comportements à risque, tandis que les femmes subissent davantage les conséquences de la double charge liée au travail et aux responsabilités domestiques.

La consommation d'alcool: un marqueur de virilité ?

L'alcool reste fortement associé à la virilité dans de nombreuses cultures. Selon une étude de Santé publique France (2021), 71 % des hommes consomment de l'alcool chaque semaine, contre 41 % des femmes. Cette consommation masculine s'explique en partie par des pressions sociales, où boire est souvent perçu comme un acte de sociabilité et de validation entre pairs.

Les conséquences sont cependant dramatiques. Les hommes sont surreprésentés dans les décès liés à l'alcool, représentant 80 % des 41 000 morts attribuables à l'alcool chaque année en France (INSERM, 2021). Ils sont également plus exposés aux comportements à risque, comme la conduite en état d'ivresse ou les bagarres.

Dr Philippe Batel, addictologue, explique : « L'alcool reste un outil d'affirmation masculine, mais cette culture a un coût : des milliers de vies chaque année. Les campagnes de prévention doivent déconstruire ces attentes genrées autour de la consommation. » (Conférence, 2022)

Le tabac : un problème croissant pour les femmes

La consommation de tabac, historiquement masculine, a considérablement augmenté chez les femmes au cours des dernières décennies. Une étude de l'OFDT (2020) révèle que 24 % des femmes fument quotidiennement, contre 30 % des hommes. Cependant, les femmes sont plus vulnérables aux effets nocifs du tabac : elles ont un risque accru de développer des cancers du poumon et des maladies cardiovasculaires, même avec une consommation moindre.

Les publicités ciblant les femmes, associant le tabac à l'émancipation et à la minceur, continuent d'influencer leur consommation. De plus, le tabac est souvent utilisé comme un mécanisme de gestion du stress, en particulier chez les mères actives.

La pénibilité du travail : un fardeau sous-estimé pour les femmes

Les risques liés à la pénibilité du travail ont longtemps été associés aux métiers masculins, comme ceux du bâtiment ou de l'industrie. Cependant, de nombreux métiers à prédominance féminine, comme le soin aux personnes âgées, l'enseignement ou le commerce, présentent une pénibilité élevée, souvent invisibilisée. Une enquête de la Direction de l'animation de la recherche, des études et des statistiques (DARES, 2021) montre que 70 % des femmes déclarent ressentir une fatigue physique ou mentale liée à leur travail, contre 50 % des hommes.

Les troubles musculo-squelettiques (TMS) sont particulièrement répandus chez les femmes travaillant dans des professions manuelles ou de service. Une étude de l'ANACT (2020) révèle que les TMS touchent 30 % des aides-soignantes et 25 % des assistantes maternelles, des taux supérieurs à ceux observés dans les métiers masculins équivalents.

Nathalie Vergès, représentante de la CFDT, explique : « Les métiers féminins, souvent mal rémunérés, cachent une pénibilité invisible mais bien réelle. Reconnaître cette pénibilité est essentiel pour améliorer les conditions de travail. » (Interview, Santé & Travail, 2021)

Les conduites à risque : entre pression sociale et mise en danger

Les hommes et la prise de risque

Les hommes sont surreprésentés dans les comportements dangereux. Selon une étude de l'ONISR (2021), 80 % des morts sur la route sont des hommes, et la majorité des accidents sont liés à des excès de vitesse ou à des conduites sous influence. Ces comportements sont souvent encouragés par des normes de virilité valorisant le défi, la compétition et le dépassement des limites.

Les risques professionnels sont également plus fréquents chez les hommes. Les accidents du travail graves concernent majoritairement des métiers masculins : 90 % des décès liés à des accidents professionnels surviennent dans les secteurs du BTP, de l'agriculture ou de l'industrie lourde (INRS, 2021).

Les femmes face aux risques invisibilisés

Les femmes, quant à elles, subissent davantage de risques psychosociaux (RPS), liés au stress chronique, au harcèlement ou à la surcharge mentale. Selon une enquête menée par le ministère du Travail (2020), 60 % des femmes actives déclarent ressentir un stress intense au travail, contre 35 % des hommes. Cette pression s'explique par la double charge de travail que les femmes supportent, entre leurs responsabilités professionnelles et domestiques.

Des recommandations pour une prévention adaptée

Pour réduire les inégalités liées aux modes de vie, il est essentiel de :

- déconstruire les normes genrées autour des comportements à risque : sensibiliser les hommes aux dangers des comportements impulsifs et les femmes aux risques spécifiques, comme les RPS ;
- reconnaître la pénibilité des métiers féminins : intégrer ces métiers dans les dispositifs de pénibilité et renforcer les aménagements de poste ;
- promouvoir des campagnes de prévention inclusives : adapter les messages de santé publique pour qu'ils prennent en compte les spécificités des deux sexes.

Dr Aline Colin, épidémiologiste à Santé publique France, conclut : « Les comportements à risque et les impacts des modes de vie ne peuvent être compris sans une analyse genrée. Agir, c'est prendre en compte les réalités sociales et professionnelles de chaque sexe pour mieux les protéger. » (Rapport, 2022)

2
Enfance : des biais éducatifs qui coûtent (très) cher

La masculinité toxique, ce poison culturel qui impose aux hommes de toujours être « forts », « endurants », « invincibles », « performants », « dominants », « pénétrants », ne détruit pas seulement des vies – elle alourdit aussi les comptes des systèmes de santé. Vous voulez parler de coûts ? Parlons-en. Parce que derrière les chiffres astronomiques des dépenses en santé publique, il y a des hommes qui meurent plus jeunes, souffrent en silence et évitent de demander de l'aide jusqu'à ce qu'il soit trop tard. Tout ça pour quoi ? Pour préserver une idée archaïque de ce que signifie « être un homme ».

La masculinité toxique tue, littéralement

Commençons par le plus tragique : le suicide. En France, comme dans beaucoup de pays, les hommes représentent environ 75 % des suicides. Et pourquoi ? Parce qu'on leur apprend, dès l'enfance, que pleurer, c'est être « faible », que demander de l'aide, c'est « ne pas être un homme ». Le résultat, c'est qu'ils enfouissent leurs émotions jusqu'à ce qu'elles deviennent insupportables. Notre société devrait autoriser l'expression des émotions chez les hommes à d'autres occasions que pour pleurer de joie le soir d'une victoire du PSG en Ligue des champions. Ce n'est pas qu'ils ne souffrent pas – c'est qu'ils n'ont jamais eu les outils pour exprimer cette souffrance. Et la société, avec son culte de la virilité, les pousse à choisir la solution la plus définitive.

Et ce n'est pas tout. Le refus de reconnaître sa vulnérabilité pousse aussi les hommes à éviter les consultations médicales. Ils consultent moins souvent que les femmes, même lorsqu'ils sont malades. Ils attendent que les symptômes s'aggravent, parfois jusqu'à devenir irréversibles. Cancers diagnostiqués trop tard, maladies chroniques non traitées : tout cela coûte des vies et des milliards à la santé publique. Pourquoi ? Parce qu'on leur répète que les vrais hommes « encaissent ». Jusqu'à quand ?

La violence, reflet d'une virilité dévoyée

La masculinité toxique pousse aussi certains hommes à adopter des comportements violents – envers eux-mêmes et envers les autres. Les bagarres, les conduites à risque, la recherche permanente de domination, tout cela a un coût. Prenons les accidents de la route : les hommes, surtout les jeunes, en sont les principales victimes. Excès de vitesse, conduite sous l'influence d'alcool ou de drogues, non-port de la ceinture… Ce n'est pas un hasard. Ces comportements ne sont pas seulement des erreurs individuelles ; ils sont le produit d'une culture qui valorise la prise de risques absurdes comme un signe de force.

Résultat ? Des hospitalisations coûteuses, des rééducations longues et, dans le pire des cas, des vies fauchées. La même logique s'applique aux violences physiques, qu'elles soient subies ou infligées. Les services d'urgence débordent après des bagarres, des agressions, des drames qui, bien souvent, trouvent leurs racines dans une conception archaïque de la virilité comme pouvoir et domination.

L'autodestruction silencieuse : addictions et négligence

Les hommes sont aussi les premières victimes des addictions – alcool, tabac, drogues. Là encore, c'est un héritage direct de cette virilité toxique qui valorise la résistance, le dépassement des limites et la fuite en avant. Boire jusqu'à l'ivresse, fumer pour « avoir l'air cool », sniffer pour « tenir le rythme » : tout cela coûte des milliards chaque année aux systèmes de santé, sans compter les vies qu'on n'arrive plus à sauver.

Mais cette autodestruction ne s'arrête pas aux addictions. Les hommes, toujours dans cette logique d'« être dur », négligent aussi leur santé au quotidien. Une mauvaise alimentation ? Ce n'est pas grave. Pas besoin de prévention, pas besoin de dépistage. Les maladies cardiovasculaires restent la première cause de décès chez les hommes, en grande partie à cause de cette culture du déni et de la négligence.

Des comportements risqués, un coût collectif

La masculinité toxique ne détruit pas seulement ceux qui y sont soumis, elle affecte toute la société. Quand un homme refuse de consulter un médecin, développe un cancer avancé ou des complications dues à des comportements à risque, ce n'est pas seulement un drame personnel : c'est une facture colossale pour la collectivité. Les traitements pour des maladies détectées trop tard coûtent bien plus cher que la prévention. Les hospitalisations d'urgence pour accidents violents ou abus de substances saturent les systèmes de santé.

Et ce n'est pas juste une question de coût financier. C'est aussi un coût humain : des familles brisées, des enfants qui grandissent sans père, des femmes qui prennent en charge des hommes malades ou blessés à cause de leur propre incapacité à prendre soin d'eux-mêmes. Parce que oui, la charge retombe souvent sur les femmes, qui doivent compenser ce que la société n'a pas appris à leurs partenaires masculins.

Il est temps de briser le cercle

La masculinité toxique n'est pas une fatalité. Elle est un héritage culturel, un mensonge qu'on raconte aux petits garçons, qu'on leur inculque à coups de « sois fort » et de « ne pleure pas ». Mais les hommes ne naissent pas comme ça : ils sont façonnés par une société qui leur demande d'être invincibles, au détriment de leur santé mentale, physique et même sociale.

Changer les choses, ce n'est pas seulement une question de justice individuelle, c'est une urgence de santé publique. Cela veut dire éduquer les garçons différemment, leur apprendre que demander de l'aide est une force, pas une faiblesse. Cela veut dire investir dans la prévention, dans la santé mentale, dans des campagnes qui démolissent les stéréotypes de genre. Cela veut dire construire une société où les hommes ont le droit d'être vulnérables, humains et où on ne leur demande pas de sacrifier leur bien-être sur l'autel d'une virilité dépassée.

Parce que derrière chaque homme qui tombe à cause de cette masculinité toxique, il y a une famille qui souffre, un système de santé qui croule et une société qui perd. Et cela, franchement, on ne peut plus se le permettre.

Un accès inégal aux campagnes de prévention : l'exemple du papillomavirus (HPV)

La prévention en matière de santé suit également des schémas genrés. Pendant des années, les vaccins contre le papillomavirus (HPV), responsable de cancers du col de l'utérus mais aussi d'autres cancers, ont été exclusivement proposés aux filles. Cette approche a retardé la prise en charge des garçons, malgré leur rôle clé dans la transmission du virus. En 2021, seulement 6 % des garçons français étaient vaccinés contre le HPV, contre 37 % des filles (Santé publique France, 2021).

Selon le Dr Emmanuel Ricard, porte-parole de la Ligue contre le cancer : « Limiter la vaccination au HPV aux jeunes filles est une erreur majeure : les garçons, également concernés par les cancers liés à ce virus, doivent être protégés. Une approche universelle permettrait de briser les stéréotypes et d'atteindre une véritable égalité de prévention. » (Rapport Ligue contre le cancer, 2021)

Cette disparité dans l'accès au vaccin reflète un problème plus large : les campagnes de santé publique ont tendance à cibler les filles pour les problématiques reproductives et les garçons pour les conduites à risque, renforçant ainsi les stéréotypes de genre au lieu de les déconstruire.

Troubles alimentaires : quand les garçons deviennent invisibles

Les troubles alimentaires sont encore largement perçus comme des pathologies exclusivement féminines. Pourtant, les garçons représentent environ 10 % des cas de boulimie ou d'anorexie, bien que ces chiffres soient probablement sous-estimés en raison des biais de diagnostic (*British Journal of Psychiatry*, 2019). Les garçons atteints de troubles alimentaires sont moins susceptibles de demander de l'aide ou d'être identifiés par les enseignants ou les professionnels de santé.

Pour le Dr Boris Hansel, endocrinologue et nutritionniste : « Les garçons souffrant d'anorexie ou de boulimie restent invisibles car ces maladies sont souvent associées aux femmes dans l'imaginaire collectif. Ce retard de diagnostic aggrave les complications médicales et sociales auxquelles ils sont confrontés. » (*Revue médicale suisse*, 2020)

Par ailleurs, une étude de Santé mentale France (2020) montre que les garçons, lorsqu'ils sont diagnostiqués, accèdent moins fréquemment à des thérapies adaptées. Les structures de soins, souvent conçues pour des patientes féminines, peinent à répondre aux besoins spécifiques des garçons, renforçant leur isolement.

L'éducation à la santé mentale : des préjugés coûteux pour les filles et les garçons

L'école, lieu d'apprentissage et de socialisation, est aussi un espace où s'expriment des préjugés genrés ayant un impact direct sur la santé des enfants. Ces biais éducatifs influencent le dépistage des troubles mentaux et émotionnels, renforçant des écarts de diagnostic entre filles et garçons. Une étude de l'OCDE (2020) révèle que 60 % des signalements pour troubles émotionnels dans les écoles concernent des filles, tandis que les garçons sont majoritairement orientés vers des consultations pour troubles comportementaux.

Pour le Dr Sophie Marinopoulos, psychologue clinicienne spécialisée en périnatalité et enfance : « Les filles sont souvent perçues comme plus vulnérables émotionnellement, ce qui conduit à une médicalisation excessive de leurs angoisses, alors que les garçons sont qualifiés de "perturbateurs" et orientés vers des solutions disciplinaires plutôt que thérapeutiques. » (Fondation Santé Enfance, 2021)

Ce double standard, ancré dans les stéréotypes de genre, a des conséquences majeures : les filles reçoivent une prise en charge qui peut les stigmatiser comme « fragiles », tandis que les garçons voient leurs besoins émotionnels ignorés. Ces écarts contribuent à la construction de trajectoires de santé mentale différenciées dès le plus jeune âge.

Un rôle crucial des enseignants dans la détection des troubles

Les enseignants jouent un rôle central dans le signalement des troubles de santé mentale ou comportementale. Cependant, leurs perceptions sont influencées par des stéréotypes de genre. Une enquête réalisée par l'université de Stanford (2020) montre que les enseignants signalent deux fois plus fréquemment les garçons pour des troubles du comportement, même lorsque les symptômes sont similaires à ceux des filles.

D'après la Dr Catherine Vidal, neurobiologiste et auteure sur les stéréotypes de genre : « Les enseignants ne sont pas formés pour différencier les comportements liés au développement normal de ceux nécessitant une intervention. Malheureusement, leurs perceptions sont souvent biaisées par des normes genrées, ce qui pénalise autant les filles que les garçons. » (Institut Pasteur, 2021)

Ces signalements biaisés contribuent à une médicalisation disproportionnée des garçons pour des troubles tels que le TDAH, tandis que les filles souffrant de troubles émotionnels subtils restent sous le radar des professionnels.

Les effets à long terme des biais éducatifs

Ces inégalités de traitement ont des conséquences durables. Les filles, étiquetées comme « anxieuses » ou « fragiles », peuvent développer des troubles chroniques de l'anxiété ou de la dépression à l'adolescence et à l'âge adulte. Une étude de l'INSERM (2020) montre que les femmes diagnostiquées pour des troubles anxieux dès l'enfance ont 30 % plus de risques de souffrir de troubles dépressifs sévères après 25 ans.

À l'inverse, les garçons surdiagnostiqués pour des troubles comportementaux, comme le TDAH, peuvent subir des effets secondaires liés à une surmédicalisation. Selon une analyse du *Journal of Pediatrics* (2018), 40 % des garçons traités pour un TDAH avant l'âge de 10 ans reçoivent des prescriptions qui ne correspondent pas aux recommandations médicales.

Pour le Dr Christophe André, psychiatre et spécialiste des troubles anxieux : « Ces biais précoces orientent les enfants vers des trajectoires médicales inadaptées, renforçant les inégalités genrées en matière de santé tout au long de leur vie. » (Conférence Santé Mentale et Bien-Être, 2022)

L'urgence d'une approche éducative genrée mais juste

Pour corriger ces biais, plusieurs pistes peuvent être envisagées :

- former les enseignants : sensibiliser les éducateurs aux stéréotypes genrés et leur impact sur la santé mentale des enfants ;
- uniformiser les campagnes de prévention : proposer des approches universelles pour des problématiques comme la vaccination ou la santé mentale ;
- renforcer la recherche genrée : collecter davantage de données sur les troubles spécifiques aux filles et aux garçons pour guider les politiques publiques.

Selon Matthias Savignac, président de la MGEN : « L'enfance est une période clé pour instaurer une égalité durable dans la santé. Ce n'est qu'en agissant tôt et de manière ciblée que nous pourrons offrir à chaque enfant, fille ou garçon, les mêmes chances de s'épanouir. » (Rapport MGEN sur la santé des jeunes, 2021)

FOCUS
Les mutilations génitales féminines et les violences médicalisées faites aux femmes

Un fléau mondial aux répercussions locales

Les mutilations génitales féminines (MGF) constituent une atteinte grave et irréversible à la santé et aux droits des femmes. En France, environ 125 000 femmes sont concernées par ces pratiques, d'après une étude de l'INSERM (2020). Ces chiffres, bien que choquants, ne reflètent qu'une partie du problème, car de nombreuses victimes ne se manifestent pas par crainte de représailles ou par méconnaissance de leurs droits.

À l'échelle mondiale, l'UNICEF estime que plus de 200 millions de filles et de femmes ont subi des MGF, dans une trentaine de pays, principalement en Afrique subsaharienne, au Moyen-Orient et en Asie du Sud-Est. Chaque année, 4 millions de filles risquent d'être excisées, souvent avant l'âge de 15 ans. Ces mutilations, allant de l'ablation partielle ou totale du clitoris à l'infibulation (fermeture quasi complète de l'orifice vaginal), sont généralement pratiquées sans anesthésie ni bonnes conditions sanitaires, ce qui aggrave leurs conséquences médicales.

Les impacts sur la santé sont multiples et durables. Sur le plan physique, les MGF provoquent des douleurs chroniques, des infections récurrentes, des complications urinaires et menstruelles, et augmentent considérablement les risques pendant l'accouchement. Une étude de l'OMS (2018) montre que les femmes excisées ont 70 % de risques supplémentaires de souffrir de déchirures graves lors de l'accouchement et que leurs enfants présentent 50 % de risques accrus de mortalité néonatale. Sur le plan psychologique, les MGF laissent des séquelles profondes : stress post-traumatique, dépression, anxiété, troubles sexuels, et un sentiment durable de dévalorisation.

Un plan national pour combattre les mutilations génitales

En juillet 2019, j'étais alors secrétaire d'État à l'Égalité entre les femmes et les hommes, avec Édouard Philippe, Premier ministre, nous avons annoncé un plan national de lutte contre les mutilations génitales féminines, un jalon historique dans la lutte contre ces violences en France. Lors de cette annonce, j'ai affirmé ceci : « Les mutilations génitales féminines ne sont pas une tradition, mais une barbarie. La France s'engage à protéger toutes les femmes qui en sont victimes ou qui risquent de l'être. »

Le plan comprend plusieurs axes :

- sensibilisation et prévention : former les professionnels de santé, travailleurs sociaux et enseignants pour identifier les jeunes filles à risque. Une étude de Santé publique France (2021) indique que près de 30 % des médecins généralistes en France n'ont jamais été formés à reconnaître les signes de mutilations génitales, ce qui retarde souvent la prise en charge ;
- renforcement de la protection juridique : faciliter la dénonciation de ces pratiques et encourager les poursuites judiciaires. En France, les MGF sont punies par

le Code pénal de dix ans d'emprisonnement et 150 000 euros d'amende, mais les condamnations restent rares faute de signalements ;

- accompagnement des victimes : mettre en place des parcours de soins adaptés pour traiter les séquelles physiques et psychologiques, y compris la chirurgie réparatrice, aujourd'hui accessible dans quelques centres hospitaliers comme ceux de Paris, Nantes ou Bordeaux.

Les certificats de virginité : une autre violence médicale

Les mutilations génitales féminines ne sont pas les seules pratiques culturelles qui instrumentalisent le corps des femmes. En 2021, j'ai porté une loi interdisant la délivrance de certificats de virginité par les professionnels de santé en France. Ces documents, demandés par certaines familles pour des motifs religieux ou culturels, constituent une violation directe de l'intimité et des droits des femmes. Lors de l'adoption de la loi, j'ai affirmé : « Aucune femme ne devrait avoir à prouver sa pureté pour se marier ou être acceptée par sa famille. Les certificats de virginité ne sont pas un acte médical, mais un instrument d'oppression. »

Une enquête de l'Observatoire des violences faites aux femmes (2020) a révélé que près de 30 % des gynécologues interrogés avaient été sollicités pour délivrer ces certificats. La majorité d'entre eux refusent, mais l'existence même de cette demande reflète une pression sociale sur les femmes pour contrôler leur sexualité.

Les associations au cœur du combat

De nombreuses associations œuvrent pour éradiquer les mutilations génitales féminines et accompagner les victimes. En France, le Groupe pour l'abolition des mutilations sexuelles (GAMS) est l'un des acteurs historiques de cette lutte. Présidé par Khady Koita, survivante de l'excision, le GAMS sensibilise les professionnels et travaille auprès des familles pour déconstruire les croyances culturelles qui perpétuent ces pratiques.

Le Planning familial, également mobilisé, propose des consultations anonymes pour les femmes victimes de MGF et milite pour une prise en charge globale des séquelles. L'association Equipop, quant à elle, travaille à l'échelle internationale pour intégrer la lutte contre les MGF dans les politiques publiques des pays concernés, tout en soutenant les communautés locales dans leur transition vers des rites alternatifs non mutilants.

À l'échelle mondiale, des organisations comme End FGM, soutenue par l'Union européenne, ou encore Equality Now, plaident pour l'interdiction totale des MGF dans tous les pays où elles sont pratiquées. Leurs actions ont permis d'obtenir des avancées législatives dans plusieurs États, notamment au Kenya et au Soudan.

Un engagement qui doit perdurer

Malgré les progrès réalisés, le combat contre les mutilations génitales féminines et les violences médicalisées est loin d'être terminé. Les pratiques culturelles oppressives, qu'il s'agisse des MGF ou des certificats de virginité, continuent de violer les droits fondamentaux des femmes et des filles. Ces atteintes ne sont pas seulement des problèmes de santé, mais des questions de justice et d'égalité. La France ne transigera jamais avec les droits des femmes. Il n'y a pas de compromis possible face à la barbarie.

La sensibilisation, la formation des professionnels, et le soutien juridique et médical aux victimes doivent rester des priorités pour éradiquer ces pratiques une fois pour toutes.

Car, comme le souligne Khady Koita : « L'excision est une mutilation, mais c'est aussi une blessure d'âme. La réparer, c'est redonner à chaque femme sa dignité et son intégrité. »

3
Adolescence : silence, danger et inégalités dans la santé

La sexualité sous silence : un manque d'éducation lourde de conséquences

L'adolescence est une période clé pour l'éducation sexuelle et la santé reproductive. Pourtant, en France, les lacunes dans ce domaine touchent particulièrement les adolescentes. En 2022, 13 000 grossesses précoces ont été recensées, dont 60 % n'étaient pas planifiées (INED, 2022). Ce manque d'éducation sexuelle met les adolescentes à risque face aux infections sexuellement transmissibles (IST), aux grossesses non désirées et aux violences sexuelles.

Dr Emmanuelle Piet, présidente du Collectif féministe contre le viol, souligne : « Les adolescentes ont souvent comme seule source d'information des contenus pornographiques en ligne, qui véhiculent des normes toxiques et faussent leur rapport à leur propre sexualité. Cela les prive d'une vision saine et respectueuse de leur corps et de leurs droits. » (Conférence, 2022)

Ce manque d'information renforce également les stéréotypes genrés : les filles sont responsabilisées très jeunes quant à la contraception, tandis que les garçons sont rarement impliqués dans ces discussions. Une enquête du Haut Conseil à l'Égalité (2020) révèle que 70 % des jeunes femmes utilisent un moyen de contraception, contre seulement 9 % des garçons. Cela traduit une charge mentale disproportionnée qui impacte durablement les femmes.

Les garçons face aux normes toxiques de la virilité

Les garçons, quant à eux, sont enfermés dans des injonctions de virilité, qui influencent non seulement leur comportement mais aussi leur santé. Une enquête de l'Ifop (2021) révèle que 40 % des garçons âgés de 15 à 19 ans s'engagent dans des sports à risque, souvent pour prouver leur masculinité. Ces activités, bien que valorisées socialement, augmentent les risques de blessures graves et d'hospitalisation.

Jean-Claude Delgènes, directeur général du cabinet Technologia, spécialisé dans la prévention des risques psychosociaux, explique : « Les adolescents garçons sont socialisés dans l'idée qu'ils doivent montrer leur courage, leur force, souvent au détriment de leur sécurité. Cela les pousse à adopter des comportements à risque qui peuvent avoir des conséquences dramatiques. » (Interview, *Le Monde*, 2021)

Ces comportements à risque ne se limitent pas aux sports extrêmes : ils incluent également une consommation excessive d'alcool, des conduites dangereuses au volant et une exposition à des violences interpersonnelles. Une étude de Santé publique France (2020) montre que 60 % des hospitalisations pour des accidents liés à la consommation d'alcool chez les adolescents concernent des garçons.

Un accès inégal aux soins sexuels et psychologiques

Les adolescentes sont souvent les seules à assumer la responsabilité de la contraception et de la prévention des IST. Pourtant, cette charge mentale n'est pas accompagnée d'un accès équitable aux soins. Les consultations en gynécologie restent mal adaptées pour les jeunes, avec des freins culturels et organisationnels. Par exemple, seulement

15 % des adolescentes consultent un gynécologue avant l'âge de 18 ans (Étude Ifop pour Sidaction, 2021).

Pour les garçons, le tabou est encore plus marqué : l'accès à des consultations spécialisées, comme l'urologie ou les soins psychologiques, est souvent inexistant. Une enquête menée par SOS Médecins (2021) montre que seulement 5 % des garçons âgés de 15 à 18 ans ont consulté un professionnel pour des questions relatives à leur santé sexuelle, contre 40 % des filles.

Dr Catherine Vidal, neurobiologiste et spécialiste des questions de genre, affirme : « Les jeunes garçons n'ont pas les outils ni les modèles pour aborder sereinement leur santé sexuelle et psychologique. Cette invisibilisation est un frein à leur bien-être global. » (Conférence, CNRS, 2020)

Les troubles psychologiques chez les adolescents garçons sont également sous-diagnostiqués, car ces derniers intériorisent davantage leurs émotions. Ce déni des souffrances mentales se traduit par des comportements dangereux et parfois par des drames. Les garçons sont surreprésentés dans les suicides : ils représentent 75 % des décès par suicide chez les 15-24 ans (Observatoire national du suicide, 2021).

Les violences sexistes et sexuelles : un frein à l'accès aux soins pour les femmes

Les violences sexistes et sexuelles (VSS) ne se limitent pas aux actes eux-mêmes : elles ont des répercussions profondes et souvent invisibles sur la santé des femmes. En France, une femme sur trois déclare avoir subi des violences physiques ou sexuelles au cours de sa vie (INSEE, 2021). Ces violences, qu'elles soient récentes ou anciennes, influencent directement la manière dont les femmes accèdent aux soins, compromettant parfois gravement leur santé.

Un impact direct sur la santé physique et mentale

Les femmes victimes de VSS développent fréquemment une aversion pour certaines consultations médicales, notamment celles impliquant une forme de proximité corporelle. Une étude du Haut Conseil à l'Égalité (2020) révèle que près de 40 % des femmes ayant subi des violences sexuelles évitent les consultations gynécologiques, invoquant un sentiment d'insécurité ou de revictimisation. Ce phénomène est aggravé par un manque de formation des soignants sur la prise en charge des patientes traumatisées, ce qui peut conduire à des attitudes maladroites, voire intrusives.

Dr Emmanuelle Piet, présidente du Collectif féministe contre le viol, explique : « Beaucoup de femmes nous disent qu'elles ne peuvent pas se rendre chez le gynécologue ou même le dentiste, car elles ne supportent pas l'idée qu'on les touche, même à des fins médicales. Ces violences psychologiques sont les séquelles invisibles des agressions. » (Conférence, 2022)

Des soins préventifs négligés

Les impacts des VSS vont bien au-delà des soins gynécologiques. Les mammographies, pourtant cruciales pour détecter précocement le cancer du sein, sont souvent reportées, voire abandonnées, par des femmes victimes de violences. Le toucher médical, les manipulations nécessaires et l'exposition du corps lors de ces examens rappellent aux patientes les moments d'agression ou d'humiliation subis.

Les violences sexuelles influencent également d'autres formes de soins. Une étude du Collectif féministe santé (2021) montre que 25 % des femmes victimes d'agressions sexuelles évitent les rendez-vous chez le dentiste. Ce phénomène est souvent lié à des traumatismes spécifiques : les femmes ayant été forcées à des pratiques sexuelles comme les fellations développent une peur irrationnelle des consultations dentaires.

Leymah Gbowee, militante pour les droits des femmes et prix Nobel de la paix, déclare : « Les violences sexuelles sont des armes qui blessent bien au-delà du moment de l'acte. Elles laissent des cicatrices qui empêchent les femmes de reprendre possession de leur santé, de leur corps et de leur vie. » On prétend que les sujets de violences sexistes et sexuelles sont pris en compte sous couvert de « libération de la parole des femmes ». En réalité, ces questions sont encore trop traitées en silos. On fait comme si les viols et les agressions n'avaient aucun impact sur la vie des femmes, qu'il y avait la patiente d'un côté et la victime de l'autre, et qu'elles ne se rencontraient jamais. Cette réflexion s'applique également pour les garçons et les hommes victimes de violences sexuelles qui souffrent du double tabou.

Une spirale de vulnérabilité

Les conséquences des VSS sur la santé mentale, comme le syndrome de stress post-traumatique, l'anxiété chronique ou la dépression, exacerbent ce renoncement aux soins. Ces troubles, souvent non diagnostiqués, conduisent à une détérioration globale de l'état de santé des femmes. Une enquête de l'INSERM (2021) montre que les femmes victimes de violences ont trois fois plus de risques de développer des pathologies chroniques non traitées, comme les douleurs lombaires ou les troubles gastro-intestinaux, faute de consultations médicales régulières.

Recommandations pour une meilleure prise en charge

Pour réduire les écarts et améliorer la santé des adolescents, il est essentiel de :

- renforcer l'éducation sexuelle dès le collège : inclure des modules sur le consentement, la contraception et les IST, destinés aux garçons comme aux filles ;
- créer des espaces de dialogue sécurisés : mettre en place des consultations spécifiques pour les adolescents, adaptées à leurs besoins physiques et psychologiques ;
- former les professionnels de santé et les enseignants : leur donner les outils nécessaires pour dépasser les stéréotypes et accompagner les jeunes de manière équitable.

Marie-Pierre Martinet, secrétaire générale du Planning familial, conclut : « L'éducation à la santé sexuelle est un droit fondamental. Il est urgent de sortir d'une approche genrée qui surcharge les filles de responsabilités tout en marginalisant les garçons. » (Rapport annuel, Planning familial, 2022)

Une approche inclusive et égalitaire en matière de santé adolescente permettrait non seulement d'améliorer les indicateurs de santé publique, mais aussi de réduire les inégalités de genre qui se perpétuent à l'âge adulte.

FOCUS
Il/elle a un cancer

Il/elle a un cancer : une histoire d'inégalités invisibles

Quand Sophie a reçu son diagnostic de cancer du sein, son monde s'est effondré. Le mot « cancer » résonnait comme une sentence, mais elle n'avait pas encore mesuré tout ce que cela allait entraîner. Trois jours plus tard, son mari lui annonçait qu'il ne se sentait pas capable de traverser cette épreuve à ses côtés. « Je ne peux pas vivre avec cette peur tous les jours », avait-il murmuré, en évitant son regard. Sophie s'est retrouvée seule, face à la maladie et à la reconstruction de sa vie.

Un an plus tôt, c'est Thomas, 43 ans, qui avait reçu un diagnostic de cancer colorectal. Le choc avait été immense, mais sa femme l'avait entouré d'un soutien inébranlable.

Elle avait organisé ses rendez-vous, veillé à ce qu'il mange bien malgré les traitements, et pris sur elle la gestion des enfants et des tâches du quotidien. Thomas se disait chanceux de l'avoir à ses côtés. Mais cette différence de parcours est-elle uniquement une question de caractère ou cache-t-elle une réalité plus structurelle ?

Un poids émotionnel inégalement réparti

Les statistiques révèlent une vérité glaçante : les femmes atteintes d'un cancer sont beaucoup plus susceptibles d'être abandonnées par leur partenaire que les hommes. Une étude menée par l'université d'Utah (2018) montre que 20 % des femmes atteintes d'un cancer voient leur conjoint partir, contre seulement 3 % des hommes malades.

Dr Laurent Karila, psychiatre spécialisé dans l'accompagnement des patients atteints de cancer, explique : « Quand une femme tombe malade, elle est souvent perçue comme affaiblie, voire incapable de tenir son rôle familial. En revanche, les hommes malades sont considérés comme des héros à soutenir coûte que coûte. » (Interview, 2021)

Cette dynamique découle en grande partie des stéréotypes de genre. Dans de nombreuses cultures, les femmes sont valorisées pour leur rôle de « pilier » familial. Lorsqu'elles ne peuvent plus assumer cette charge, leur partenaire peut ressentir une déstabilisation qui se traduit parfois par un abandon. À l'inverse, les hommes malades continuent souvent de recevoir des soins et une assistance, car leur rôle principal – celui de pourvoyeur économique – reste intact.

Le corps comme champ de bataille

Pour les femmes, le cancer s'attaque non seulement à leur santé, mais aussi à leur image corporelle. Les cancers du sein, des ovaires ou de l'utérus touchent directement leur féminité et leur identité. Après une mastectomie, Sophie se souvenait de sa première confrontation avec son reflet dans le miroir : « Je ne me reconnaissais plus. Je n'étais plus une femme, juste un corps abîmé par la maladie. »

Des figures publiques comme Caroline Receveur ont partagé ces moments d'intimité et de douleur pour briser le tabou autour de la transformation physique. Sur les réseaux sociaux, elle a exposé son quotidien de patiente sous chimiothérapie, posant avec sa perruque ou dévoilant les cicatrices laissées par les traitements. Son courage a suscité un élan de solidarité, mais aussi une prise de conscience : les femmes doivent non seulement survivre au cancer, mais aussi se réconcilier avec une image corporelle altérée.

Des associations comme Les Bonnes Fées, créée par Sylvie Tellier, mettent en lumière l'importance de la reconstruction physique et psychologique des femmes après un cancer. Elles organisent des ateliers de maquillage, de coiffure ou de reprise de confiance en soi essentiels pour les aider à se reconstruire. Cependant, ces initiatives restent souvent limitées à des actions ponctuelles, laissant de nombreuses patientes livrées à elles-mêmes.

Quand la société valorise la force masculine

Pour les hommes, les impacts du cancer diffèrent mais ne sont pas moins réels. Thomas, par exemple, avait ressenti une pression implicite pour cacher ses peurs et continuer à travailler autant que possible. « Les gens s'attendaient à ce que je sois fort, que je me batte comme un guerrier », confiait-il. Pourtant, à l'intérieur, il se sentait brisé.

Les cancers masculins, comme celui de la prostate ou des testicules, soulèvent des questions rarement abordées : l'impuissance sexuelle, les troubles hormonaux, ou encore la perte de fertilité. Contrairement aux femmes, les hommes parlent peu de ces aspects, par peur d'être perçus comme vulnérables. Une enquête menée par Santé publique France (2021) révèle que seulement 20 % des hommes atteints d'un cancer consultent un psychologue, contre 45 % des femmes.

Dr Olivier Zarca, oncologue, explique : « Les hommes sont souvent prisonniers d'une image héroïque qu'ils doivent maintenir, ce qui les empêche de demander l'aide dont ils ont besoin. Cela peut aggraver leur isolement et leur mal-être. » (Conférence, 2022)

Le coût social et économique de la maladie

Au-delà des différences émotionnelles et physiques, le cancer affecte également les femmes et les hommes différemment sur le plan social et économique. Sophie, par exemple, avait dû quitter son emploi pour suivre ses traitements, entraînant une perte de revenus significative. En France, les femmes touchent déjà en moyenne 24 % de moins que les hommes (INSEE, 2021), ce qui aggrave encore leur précarité lorsqu'elles tombent malades.

Thomas, lui, avait pu maintenir son poste, grâce au soutien de son employeur et à des horaires aménagés. Pourtant, il se sentait coupable de ne pas être aussi performant qu'avant. Cette différence d'expérience illustre un problème systémique : les femmes malades sont souvent perçues comme moins « rentables » ou moins disponibles, ce qui les expose davantage à des licenciements ou à des baisses de responsabilités.

Une reconstruction genrée

Sophie et Thomas ont tous deux survécu à leur cancer, mais leurs trajectoires sont restées profondément marquées par leur genre. Sophie a retrouvé une part de sa féminité grâce à une reconstruction mammaire, mais elle continue de lutter contre la fatigue chronique et la peur de la récidive. Elle s'est également engagée dans une association pour accompagner d'autres femmes confrontées à la maladie.

Thomas, de son côté, a pris conscience de l'importance de s'autoriser à exprimer ses émotions. Il a rejoint un groupe de parole pour hommes atteints de cancer, où il a pu partager ses craintes sans jugement.

Une maladie, deux réalités

Le cancer touche autant les hommes que les femmes, mais leurs parcours sont façonnés par des stéréotypes et des attentes sociales.

Les femmes doivent non seulement affronter la maladie, mais aussi reconstruire leur féminité et composer avec une société qui les abandonne plus facilement. Les hommes, quant à eux, se heurtent à des injonctions à la force et au silence, qui retardent souvent leur prise en charge psychologique.

Comme le conclut Catherine Cerisey, militante pour les droits des patientes : « Le cancer est une épreuve universelle, mais nos sociétés le rendent inégal. Reconnaître ces disparités, c'est donner à chacun et chacune les outils pour mieux vivre cette épreuve. » (Conférence, 2022)

Cette histoire, celle de Sophie et de Thomas, est celle de milliers de personnes confrontées à la maladie. Et si elle nous apprend une chose, c'est que le soutien, l'empathie et la lutte contre les inégalités restent essentiels pour guérir, au-delà des traitements.

4
Les adultes face à un système genré : une santé à deux vitesses

Les femmes et la charge mentale médicale : un combat invisible

Les femmes jouent un rôle central dans l'organisation des soins médicaux, non seulement pour elles-mêmes, mais surtout pour leur famille. Selon une étude de la Direction de la recherche, des études, de l'évaluation et des statistiques (DREES, 2021), elles prennent 70 % des rendez-vous médicaux familiaux, qu'il s'agisse des enfants, des conjoints ou des parents âgés. Ce phénomène, souvent décrit comme la « charge mentale médicale », se fait souvent au détriment de leur propre santé. En effet, 45 % des femmes déclarent avoir annulé ou reporté leurs rendez-vous médicaux par manque de temps, contre 31 % des hommes (Enquête Santé publique France, 2020).

Dans certains cas, cette pression conduit à des situations dramatiques. En 2018, Naomi Musenga, une jeune femme de 22 ans, a perdu la vie faute d'une prise en charge sérieuse par le SAMU. Lors de son appel, ses symptômes ont été minimisés, car perçus comme exagérés. Une opératrice lui a répondu avec cynisme : « Si vous allez mourir, vous rappellerez ». Ce cas emblématique a mis en lumière un préjugé toxique persistant : les femmes qui consultent sont souvent perçues comme « se plaignant pour rien ». C'est ce qu'a dénoncé récemment le Dr Jimmy Mohamed dans une vidéo Instagram virale appelée : « Le syndrome méditerranéen n'existe pas ». Il y rappelle que mettre la douleur sur le compte d'un tempérament nonchalant du Sud, comme cela semble parfois être le cas, spécialement sur des femmes, n'est fondé sur aucune recherche scientifique.

Dr Carole Maître, gynécologue et experte en médecine sportive, souligne : « Le cliché selon lequel les femmes exagèrent leurs douleurs est profondément ancré dans la culture médicale. Pourtant, elles consultent en moyenne moins souvent que les hommes pour des douleurs non spécifiques. » (Conférence, Collège national des gynécologues, 2021)

Ce syndrome de l'effacement de soi est encore plus marqué lorsque les femmes doivent choisir entre leur propre santé et celle de leurs enfants. Dans une enquête menée par Doctolib (2022), 30 % des mères déclarent avoir donné leur rendez-vous médical à leurs enfants lorsqu'un conflit d'agenda surgit.

Le mariage hétérosexuel dégrade la santé des femmes

Ce n'est pas une analyse woke, mais une analyse scientifique : les femmes célibataires vivent mieux. C'est un constat simple, clair et que les données confirment sans ambiguïté. Contrairement à ce que la société a voulu nous faire croire pendant des siècles – cette idée que le mariage serait la clé du bonheur et de la santé pour les femmes –, la réalité est tout autre. Être célibataire offre aux femmes une liberté qui se traduit directement dans leur bien-être, leur santé et même leur longévité.

Commençons par les faits. Une étude de l'université de Louisville a démontré que les femmes célibataires sont globalement en meilleure santé que leurs homologues mariées. Elles consultent plus régulièrement des médecins, elles ont une alimentation plus équilibrée et elles font davantage d'exercice physique. Ce n'est pas un hasard : le célibat leur permet de consacrer du temps et de l'énergie à elles-mêmes, sans les contraintes d'une vie conjugale où leur propre bien-être passe souvent après celui de leur partenaire ou de leur famille.

En France, les chiffres révèlent que les femmes mariées consultent moins fréquemment des professionnels de santé pour leurs propres besoins. Pourquoi ? Parce qu'elles sont souvent submergées par la charge mentale et les responsabilités familiales. Entre les rendez-vous médicaux des enfants, la gestion du foyer et parfois les besoins de leur conjoint, elles s'oublient. Une enquête de l'INSEE a montré que les femmes en couple consacrent en moyenne 25 % de leur temps libre à des activités liées au soin des autres, contre seulement 10 % pour les hommes. Ce déséquilibre, bien sûr, se paie : les femmes mariées sont plus susceptibles de négliger leurs propres symptômes ou de repousser leurs rendez-vous médicaux.

Mais le célibat, lui, libère de ces contraintes. Les femmes célibataires rapportent un meilleur sommeil, un niveau de stress réduit, et une plus grande autonomie dans la gestion de leur santé. Bella DePaulo, psychologue spécialiste du célibat, a expliqué que les femmes célibataires ressentent moins de pression sociale pour répondre aux attentes de leurs partenaires et, par conséquent, peuvent se concentrer sur leurs propres besoins. Cela va de l'exercice physique régulier à une meilleure santé mentale grâce à des réseaux sociaux plus riches et plus variés, souvent délaissés dans les relations conjugales où la sphère privée devient un fardeau.

Les chiffres sont également frappants en ce qui concerne les maladies graves. Par exemple, les femmes célibataires présentent un risque plus faible de développer des maladies cardiovasculaires par rapport aux femmes mariées. Une étude publiée dans le Journal of Women's Health a établi un lien direct entre les niveaux de stress domestique et les troubles cardiovasculaires chez les femmes mariées. Celles-ci, confrontées à des tensions émotionnelles liées à la charge mentale et à l'inégalité dans les tâches domestiques, voient leur santé souffrir sur le long terme.

Et si l'on s'intéresse à la santé mentale, le tableau est tout aussi révélateur. Les femmes célibataires sont moins susceptibles de souffrir de dépression ou d'anxiété chronique. En revanche, les femmes mariées sont plus fréquemment confrontées à des épisodes de détresse psychologique. Une étude britannique a révélé que près de 40 % des femmes mariées disent se sentir « épuisées émotionnellement » par leur rôle dans le foyer, tandis que ce chiffre chute à moins de 20 % chez les célibataires. La différence est claire : être seule signifie ne pas porter le poids émotionnel des autres.

Même dans le domaine de la longévité, les femmes célibataires ont un avantage. Contrairement aux hommes, pour qui le mariage est souvent associé à une vie plus longue, les femmes mariées ne bénéficient pas de cet effet protecteur. Au contraire, elles sont souvent confrontées à une diminution de leur espérance de vie, liée à des facteurs tels que le stress domestique ou la négligence de leurs propres besoins. Une étude suédoise a même montré que les femmes célibataires âgées étaient en meilleure santé et plus actives que les femmes mariées du même âge, ces dernières ayant souvent accumulé des années de surcharge émotionnelle et physique.

Le célibat permet également aux femmes de mieux se prémunir contre certaines violences invisibles mais omniprésentes dans les couples hétérosexuels. La violence psychologique, les microagressions, les remarques dévalorisantes sur leur corps ou leurs choix de vie, tout cela disparaît avec le célibat. Elles gagnent en estime de soi, en confiance, et cela se traduit par une meilleure santé globale.

En somme, les femmes célibataires sont la preuve vivante que l'épanouissement individuel ne passe pas par une bague au doigt ou une vie de couple. Elles ont le temps, l'espace et la liberté de prendre soin d'elles-mêmes, sans les concessions constantes exigées par le mariage. Elles mangent mieux, dorment mieux, vivent mieux. Et si la société continue de leur vendre l'idée que le couple hétérosexuel est le sommet du bonheur, les chiffres et les faits nous rappellent que, pour les femmes, il est souvent l'inverse. Le célibat, loin d'être une tragédie, est une véritable émancipation pour leur corps, leur esprit et leur santé.

La santé mentale des hommes : une détresse invisibilisée

Chez les hommes, la problématique est différente, mais tout aussi inquiétante. La santé mentale masculine reste largement taboue, avec des conséquences graves. Les professions à risque, comme les forces de l'ordre, illustrent cette réalité. Une enquête menée en 2020 par Défense Santé révèle que 44 % des gendarmes en détresse psychologique ne consultent jamais un professionnel de santé mentale.

Le coût de ce déni est lourd : les hommes représentent 75 % des suicides en France (Observatoire national du suicide, 2021). Cette surreprésentation est particulièrement marquée dans les professions perçues comme masculines, où l'expression des émotions est stigmatisée.

Christophe Dejours, psychiatre et spécialiste des risques psychosociaux, explique : « Les hommes se retrouvent piégés dans une double injonction : être forts et performants, tout en réprimant leurs vulnérabilités. Cette pression alimente un cercle vicieux de solitude et de non-consultation. » (Interview, *Santé Mentale*, 2021)

Une solution réside dans la sensibilisation précoce. Les entreprises, en particulier dans les secteurs à risque, devraient mettre en place des programmes de soutien psychologique adaptés. Une étude de l'INRS (2021) montre que la mise à disposition de psychologues du travail réduit de 30 % les comportements à risque chez les salariés masculins.

Touche pas à ma prostate ! Certains hommes préfèrent être malades que pénétrés

Les normes de genre, ces codes invisibles mais puissants qui dictent ce qu'un « vrai homme » devrait ou ne devrait pas faire, ont un impact direct et dramatique sur la santé des hommes. Parmi leurs nombreuses conséquences, l'une des plus graves est l'évitement de certains examens médicaux pourtant cruciaux, comme les examens de la prostate ou les coloscopies. Pourquoi ? Parce que ces gestes, perçus comme intrusifs ou liés à une pénétration, entrent en collision frontale avec une masculinité toxique qui associe la vulnérabilité et le soin du corps à une forme de faiblesse ou de honte.

Commençons par un constat flagrant : en France, près de 25 % des hommes de plus de 50 ans déclarent n'avoir jamais fait examiner leur prostate, malgré les recommandations médicales. Une étude de l'Institut de recherche et documentation en économie de la santé (IRDES) a mis en lumière un phénomène alarmant : les hommes hésitent davantage que les femmes à consulter pour des dépistages, particulièrement lorsqu'ils impliquent des zones perçues comme intimes. Les coloscopies, pourtant essentielles pour le dépistage du cancer colorectal, sont également moins pratiquées par les hommes, en grande partie à cause de ce même tabou.

Mais d'où vient cette réticence? Tout d'abord, des stéréotypes de genre profondément enracinés. Depuis l'enfance, beaucoup d'hommes sont éduqués à voir leur corps comme un symbole de force et d'invulnérabilité. Montrer ses failles, c'est « ne pas être un homme ». Et quand il s'agit de procédures médicales impliquant une exploration de l'intimité, comme un toucher rectal ou une coloscopie, cette éducation devient un frein. Ces actes sont associés, dans l'imaginaire collectif, à une atteinte à la virilité, à une forme de « domination » symbolique. La pénétration, même médicale, entre alors en conflit avec l'idée dominante de la masculinité hétérosexuelle, perçue comme inviolable.

Ce malaise, bien sûr, est amplifié par une homophobie latente dans la culture de la masculinité toxique. Beaucoup d'hommes évitent ces examens non pas seulement par peur de la douleur ou de l'inconfort, mais parce qu'ils craignent d'être perçus comme « moins hommes » ou « moins hétérosexuels ». Le simple fait de se confronter à cette zone du corps est vécu, pour certains, comme une menace à leur identité de genre, un tabou qu'ils préfèrent ignorer au détriment de leur santé.

Le résultat? Des diagnostics tardifs, des maladies qui auraient pu être prévenues ou traitées à temps, mais qui, faute de dépistage, deviennent plus graves. Le cancer de la prostate, par exemple, est le cancer le plus fréquent chez les hommes, avec près de 50000 nouveaux cas chaque année en France. Pourtant, beaucoup ne se font dépister qu'à un stade avancé, lorsque les options thérapeutiques sont plus limitées et les chances de survie réduites. Le cancer colorectal, deuxième cause de décès par cancer en France, est lui aussi sous-diagnostiqué chez les hommes pour les mêmes raisons: la peur de l'examen.

Et ce problème ne se limite pas aux dépistages. L'évitement des soins dans leur ensemble est un trait marqué chez les hommes, en grande partie à cause de ces normes de genre. Les statistiques sont implacables: les hommes consultent beaucoup moins fréquemment les médecins généralistes que les femmes, même lorsque des symptômes apparaissent. Ils attendent que la douleur devienne insupportable, que la maladie soit avancée, parce que demander de l'aide, c'est reconnaître une vulnérabilité incompatible avec l'idée de « virilité ». Cela coûte des vies. Cela coûte aussi des milliards au système de santé, car soigner une maladie à un stade avancé est infiniment plus cher que la prévention.

Il est essentiel de comprendre que ces normes de genre ne sont pas une fatalité. Elles sont construites socialement, et elles peuvent être déconstruites. Cela passe par une éducation différente des garçons, qui leur apprend que prendre soin de soi n'est pas une faiblesse mais une force. Cela passe par des campagnes de sensibilisation qui brisent les tabous autour de ces examens, en expliquant leur importance et en normalisant le fait qu'un homme puisse prendre soin de sa santé intime sans que cela affecte sa masculinité. Et cela passe, enfin, par un effort collectif pour redéfinir la virilité, pour en faire une notion qui inclut la responsabilité envers soi-même, la vulnérabilité, et la capacité à demander de l'aide.

Parce que la réalité est là : les hommes ne meurent pas parce qu'ils sont biologiquement plus faibles. Ils meurent parce qu'ils refusent de prendre soin d'eux-mêmes, piégés par des normes de genre qui les privent d'une vie plus longue, plus saine et plus libre. C'est un cercle vicieux qu'il est urgent de briser.

Cancer du sein et cancer des testicules : des tabous opposés

Le traitement médiatique et médical des cancers illustre une autre facette des inégalités de genre. Le cancer du sein bénéficie d'une couverture importante, grâce à des campagnes de dépistage systématique et des initiatives comme Octobre Rose. Ces efforts ont permis d'augmenter de 15 % le taux de dépistage précoce en dix ans (Institut Curie, 2022).

En revanche, les cancers masculins, comme celui des testicules, restent largement sous-diagnostiqués. Une étude menée par Info Cancer (2021) révèle que 30 % des hommes découvrent leur cancer des testicules à un stade avancé, par manque de dépistage ou de sensibilisation. Le cancer de la prostate, bien que plus médiatisé, souffre également d'un retard de diagnostic dans les populations vulnérables, notamment les hommes issus de milieux défavorisés.

Dr Patrice Brun, oncologue à l'Institut Gustave Roussy, observe : « Le dépistage précoce des cancers masculins reste un angle mort de la santé publique. Il y a un besoin urgent de campagnes ciblées, à l'image de ce qui a été fait pour le cancer du sein. » (Conférence, Congrès européen d'oncologie, 2022)

Le poids des biais genrés dans le système médical

Les exemples ci-dessus témoignent d'un système médical profondément influencé par des stéréotypes de genre. Les femmes sont perçues comme « trop fragiles », ce qui peut mener à une minimisation de leurs symptômes. Les hommes, en revanche, sont considérés comme « résistants », ce qui les dissuade de consulter.

Dr Catherine Vidal, neurobiologiste et experte en santé genrée, affirme : « Le corps médical, tout comme la société, reproduit des normes genrées qui nuisent à la santé des individus. Ces biais ne sont pas conscients, mais leurs conséquences sont bien réelles. » (Publication, CNRS, 2021)

Pour dépasser ces biais, des actions concrètes sont nécessaires :

- former les professionnels de santé : inclure des modules sur les stéréotypes de genre dans les cursus médicaux ;
- renforcer les campagnes de sensibilisation : mettre en lumière des pathologies sous-médiatisées comme le cancer des testicules ou les troubles psychologiques chez les hommes ;

- améliorer l'accès aux soins pour tous : faciliter les consultations grâce à des horaires adaptés et des programmes de prise en charge familiale.

Marie-Hélène Lahaye, auteure et militante pour les droits des patients, conclut : « Une médecine genrée n'est pas une médecine équitable. Il est temps de reconnaître les spécificités de chacun pour offrir une vraie égalité dans l'accès aux soins. » (Conférence, 2022)

En analysant les biais genrés dans la santé adulte, ce chapitre met en lumière une vérité essentielle : hommes et femmes ne sont pas traités de manière équitable face à leurs besoins spécifiques. Dépasser ces inégalités, c'est non seulement sauver des vies, mais aussi construire une société où chacun peut bénéficier d'une prise en charge adaptée.

FOCUS
Médecine du travail : une discrimination insidieuse envers les femmes actives

Un cadre inadapté aux spécificités féminines

La médecine du travail, conçue historiquement pour des secteurs à dominante masculine, peine encore à répondre aux besoins spécifiques des femmes actives. Bien qu'elles représentent près de la moitié des travailleurs en France (INSEE, 2022), les femmes subissent des inégalités persistantes dans leur prise en charge. Ces écarts s'expliquent par une organisation encore majoritairement tournée vers les risques professionnels des hommes, comme les accidents physiques ou les troubles musculo-squelettiques, alors que les femmes font face à des problématiques différentes, souvent ignorées ou minimisées.

Dr Claude Rambaud, ancienne vice-présidente du Collectif interassociatif sur la santé (CISS), souligne : « Les femmes subissent une double peine : non seulement elles sont sous-représentées dans les politiques de prévention en milieu professionnel, mais les spécificités de leurs conditions de travail restent invisibilisées. » (Conférence, *Santé et Travail*, 2021)

Des risques spécifiques négligés

De nombreux risques professionnels propres aux femmes sont sous-estimés. Par exemple, les métiers à prédominance féminine, comme les soins infirmiers, l'enseignement ou le commerce, sont associés à une exposition accrue au stress, aux troubles psychosociaux (TPS) et à des charges mentales élevées. Pourtant, ces problématiques ne sont pas suffisamment prises en compte par la médecine du travail.

Un rapport de l'Agence nationale pour l'amélioration des conditions de travail (ANACT, 2021) révèle que les femmes ont 25 % plus de risques de développer des troubles musculo-squelettiques (TMS) liés à des gestes répétitifs ou à des postures prolongées. Pourtant, elles sont moins souvent orientées vers des aménagements de poste ou des solutions adaptées.

De plus, la médecine du travail tend à négliger les impacts spécifiques de l'endométriose, de la grossesse ou de la ménopause sur la santé au travail. Une enquête menée par le Haut Conseil à l'Égalité (2020) montre que 60 % des femmes en âge de procréer ont rapporté une absence totale de prise en compte des douleurs menstruelles ou des effets secondaires liés à des traitements contraceptifs dans leurs bilans de santé au travail.

Les discriminations face à la grossesse et au retour au travail

La maternité constitue l'un des terrains où les inégalités en médecine du travail sont les plus visibles. Bien que la loi impose des aménagements de poste pour les femmes enceintes, ces mesures sont souvent mal appliquées ou contournées. Une étude de l'Inspection générale des affaires sociales (IGAS, 2021) révèle que 40 % des femmes enceintes continuent d'occuper des postes pénibles ou à risque, faute d'un suivi adapté.

Myriam El Khomri, ancienne ministre du Travail, explique : « Trop souvent, les femmes doivent choisir entre cacher leur grossesse pour éviter une stigmatisation ou s'exposer à des conditions de travail inappropriées, parfois dangereuses. » (Interview, *Libération*, 2022)

Le retour au travail après un congé maternité est également source de discriminations. Les femmes rapportent souvent un manque de suivi médical ou de soutien pour les aider à concilier leurs responsabilités professionnelles et parentales. Les impacts physiques de l'accouchement, comme les douleurs liées à une césarienne ou une épisiotomie, sont rarement abordés dans le cadre de la médecine du travail.

Un bilan de santé genré : inégalités dans les examens et orientations

La médecine du travail privilégie encore une approche standardisée qui ignore les spécificités genrées. Les hommes bénéficient généralement de bilans axés sur les risques cardiovasculaires ou les addictions (tabac, alcool), tandis que les femmes, bien que plus exposées au stress et à la fatigue chronique, sont rarement orientées vers des bilans approfondis pour ces problématiques.

Une enquête de la DARES (2020) révèle que seulement 18 % des femmes se voient proposer un suivi pour des troubles psychosociaux, contre 28 % des hommes, alors même que ces troubles sont plus fréquents chez les femmes actives.

Les femmes sont également sous-diagnostiquées pour les maladies professionnelles liées à des expositions chimiques, comme les perturbateurs endocriniens. Ces substances, omniprésentes dans les métiers de la coiffure, du nettoyage ou de la santé, augmentent les risques de cancers hormonodépendants (sein, utérus, ovaires). Pourtant, ces risques sont encore mal documentés dans le cadre des examens médicaux en entreprise.

Dr Sylvie Pommier, médecin du travail à l'AP-HP, souligne : « Les critères d'évaluation en médecine du travail sont encore trop biaisés. Les risques liés aux métiers féminins sont sous-évalués, car ils ne correspondent pas aux modèles classiques des pathologies masculines. » (Conférence, *Santé et Travail*, 2021)

Les violences sexistes et sexuelles : encore un angle mort

Un autre sujet trop peu pris en compte par la médecine du travail est celui des violences sexistes et sexuelles. Une enquête de l'INSEE (2020) révèle que 30 % des femmes déclarent avoir été victimes de harcèlement sexuel ou de comportements inappropriés sur leur lieu de travail. Pourtant, peu de dispositifs sont mis en place pour évaluer l'impact de ces violences sur leur santé physique et mentale.

Ces violences, souvent tues, exacerbent les risques de troubles anxieux, de dépressions, voire de burn-out. Selon une étude de l'Observatoire Santé et Genre (2021), 80 % des femmes victimes de harcèlement déclarent n'avoir reçu aucun soutien de la part de leur employeur ou du médecin du travail.

Recommandations pour une médecine du travail plus inclusive

Pour réduire ces inégalités, il est crucial de :

- former les médecins du travail aux spécificités féminines : intégrer des modules sur la prise en compte des cycles hormonaux, des troubles liés à la maternité et des risques spécifiques aux métiers féminins ;
- renforcer les politiques de prévention des violences sexistes et sexuelles : développer des dispositifs de signalement anonymes et former les médecins à reconnaître les symptômes liés à ces violences ;
- améliorer la collecte de données genrées : les bilans de santé doivent inclure des questions adaptées aux problématiques

rencontrées par les femmes, comme les douleurs menstruelles ou les troubles musculo-squelettiques liés aux charges répétées;

- valoriser les métiers féminins: inclure les risques psychosociaux dans les évaluations de pénibilité et promouvoir des aménagements de poste spécifiques aux métiers à prédominance féminine.

Catherine Gueguen, experte en santé au travail, conclut: « Une médecine du travail genrée ne signifie pas privilégier un sexe, mais reconnaître les spécificités de chacun pour mieux les protéger. Cela passe par une écoute, des outils adaptés et une volonté politique forte. » (Rapport, Santé publique France, 2022)

5
Maladies et diagnostics : le poids des préjugés médicaux

Crises cardiaques : des différences qui tuent

Les crises cardiaques restent l'exemple le plus flagrant de la façon dont les préjugés genrés influencent les diagnostics médicaux. Les femmes sont 50 % moins bien diagnostiquées que les hommes lorsqu'elles présentent un infarctus du myocarde, en raison de symptômes atypiques souvent mal interprétés (*JAMA*, 2019). Contrairement aux douleurs thoraciques classiques chez les hommes, les femmes ressentent fréquemment des douleurs abdominales, une fatigue intense, ou des nausées. Ces signes sont souvent attribués à tort au stress ou à des troubles gastro-intestinaux.

Dr Claire Mounier-Vehier, cardiologue et fondatrice de l'association Agir pour le

Cœur des Femmes, déclare : « Les femmes sont trop souvent renvoyées chez elles avec des conseils pour gérer leur stress, alors qu'elles font un infarctus. Ce biais coûte des milliers de vies chaque année. » (Interview, France Inter, 2021)

Une étude de l'INSERM (2020) montre que les femmes attendent en moyenne une heure de plus que les hommes avant de recevoir une prise en charge adaptée en cas de symptômes cardiaques. Cette perte de temps est cruciale : chaque minute augmente le risque de séquelles graves ou de décès.

L'ostéoporose : une maladie féminine… vraiment ?

L'ostéoporose est une maladie trop souvent perçue comme exclusivement féminine, en raison de son association avec la ménopause et les carences hormonales. Pourtant, un homme sur cinq après 50 ans en souffre (INSERM, 2022). Le problème réside dans le fait que moins de 15 % des diagnostics d'ostéoporose concernent des hommes, bien qu'ils aient des fractures souvent plus graves et plus invalidantes.

Dr Laurent Fardet, rhumatologue à l'hôpital Cochin, alerte : « Les fractures liées à l'ostéoporose chez les hommes sont plus souvent fatales, car le diagnostic arrive tard, voire jamais. Nous avons besoin de campagnes de dépistage qui incluent les hommes, sans quoi les coûts humains et sociaux continueront d'exploser. » (Conférence, Paris Rhumato, 2021)

En l'absence de prévention, les hommes souffrant d'ostéoporose subissent des complications graves, comme des fractures du col du fémur, qui entraînent une perte d'autonomie et augmentent la mortalité dans l'année suivant la fracture (Étude IOF, 2021). La méconnaissance du problème est renforcée par l'absence de communication publique adaptée aux hommes sur cette maladie.

Endométriose : la douleur des femmes ignorée

L'endométriose est le symbole d'une médecine historiquement insensible à la douleur féminine. Cette maladie, qui touche une femme sur dix, provoque des douleurs invalidantes, des troubles de la fertilité et une détérioration générale de la qualité de vie. Pourtant, le diagnostic prend en moyenne sept ans à être posé (EndoFrance, 2021).

Yasmine Candau, présidente d'EndoFrance, explique : « Pendant des années, les femmes souffrant d'endométriose ont été traitées comme des hystériques. Aujourd'hui encore, beaucoup repartent des consultations avec des antidouleurs ou des réponses évasives. » (Rapport EndoFrance, 2021)

Les patientes évoquent souvent un parcours d'errance médicale, marqué par des consultations multiples où leurs douleurs sont minimisées ou attribuées à des causes psychosomatiques. Cette situation est aggravée par un manque de formation des professionnels de santé : une enquête menée par l'INSERM (2021) révèle que 60 % des gynécologues n'ont reçu aucune formation spécifique sur l'endométriose.

L'endométriose, cette maladie invisible qui touche une femme sur dix dans le monde, est bien plus qu'un problème de santé : c'est un cri d'injustice, un témoignage accablant du sexisme systémique qui traverse la médecine et la société. Parce que, soyons clairs, si l'endométriose touchait les hommes, il y a fort à parier qu'un traitement aurait été trouvé depuis longtemps et que les souffrances seraient prises au sérieux. Mais voilà, cette maladie touche les femmes. Alors, on la minimise. On la dénigre. Et on les laisse souffrir en silence.

Écoutez Laëtitia Milot, l'actrice et marraine de l'association EndoFrance, qui a dû exposer publiquement ses douleurs pour que l'on commence à s'intéresser au sujet. « Une grossesse ne guérit pas. On ne guérit pas de l'endométriose », rappelle-t-elle avec force, tordant le cou à cette idée reçue dangereuse. Pendant des années, on lui a répété que tout irait mieux « avec un enfant ». Comme si son corps ne lui appartenait pas vraiment. Comme si sa souffrance ne pouvait être prise au sérieux qu'à travers une fonction reproductive. Mais non. Une grossesse n'efface pas l'endométriose. Pas plus que l'indifférence médicale ou la désinformation.

Ce qui est choquant, c'est que des milliers de femmes, comme Anaïs Koopman, 27 ans, ont cru pendant des années que leurs douleurs terribles étaient « normales ». « J'avais l'impression de recevoir des coups de poignard à chaque cycle. Mais tout le monde me disait que c'était comme ça, qu'il fallait que je sois forte », explique-t-elle. Voilà la première violence : cette idée perverse que la souffrance est inhérente au corps féminin. Que les femmes doivent « savoir souffrir ». Et quand elles osent dire qu'elles n'en peuvent plus, elles entendent des phrases assassines : « C'est dans ta tête », « Tu dramatises », « Tu exagères ». Ces mots sont des coups invisibles qui s'ajoutent à ceux que la maladie inflige déjà.

La médecine, trop longtemps dominée par une vision androcentrée, a largement ignoré l'endométriose. Pendant des décennies, les douleurs des femmes ont été reléguées à des troubles psychosomatiques ou simplement ignorées. Les chiffres parlent d'eux-mêmes : il faut en moyenne sept à dix ans pour qu'un diagnostic soit posé. Une décennie de douleurs, d'incompréhension, de sentiment d'abandon. Et même après ce diagnostic, les solutions proposées restent limitées, souvent invasives, et trop souvent inadéquates. Pourquoi ? Parce que la recherche sur cette maladie a été sous-financée, sous-estimée, tout simplement parce que le corps des femmes n'a jamais été une priorité.

Et le poids de l'endométriose ne s'arrête pas à la douleur physique. Il détruit aussi des carrières, des relations, des rêves. Combien de femmes ont dû abandonner leurs ambitions parce qu'elles ne pouvaient plus supporter les douleurs chroniques ou les traitements invalidants ? Combien de projets de vie ont été mis entre parenthèses parce que la société ne leur offrait aucun soutien ? Même l'entourage – pourtant bien intentionné – ne comprend pas toujours. « Mais tu n'as pas l'air malade », entend-on souvent. Oui, c'est une maladie invisible, mais ses ravages sont bien réels. Et ce décalage entre ce que les femmes ressentent et ce que les autres voient ne fait qu'accentuer leur isolement.

Certaines femmes, grâce à leur notoriété, brisent le silence. Outre Laëtitia Milot, d'autres personnalités comme Imany ont élevé la voix pour faire comprendre que l'endométriose n'est pas une « simple douleur menstruelle ». Elles ont raconté les opérations lourdes, les traitements hormonaux épuisants, les nuits sans sommeil et les jours passés pliées en deux.

Mais toutes ces voix, si courageuses soient-elles, ne suffisent pas. Le problème est systémique. L'endométriose est une maladie politique. Pourquoi la recherche avance-t-elle si lentement ? Pourquoi les consultations gynécologiques sont-elles encore si souvent marquées par le paternalisme, voire la violence ? Pourquoi faut-il que des femmes souffrent pendant des années avant qu'on prenne leurs mots au sérieux ?

Il est temps de renverser la table. De dire haut et fort que les femmes ne sont pas là pour souffrir en silence. Que leur douleur est légitime ! Que leur santé mérite autant d'attention que celle des hommes. Ce n'est pas seulement une question de bien-être, c'est une question de justice. Alors, écoutons celles qui souffrent, soutenons celles qui témoignent, et exigeons un système de santé qui traite les femmes avec le respect et la dignité qu'elles méritent. Parce que l'endométriose n'est pas qu'un combat médical. C'est un combat féministe. Et il est grand temps de le gagner.

Dr Emmanuelle Amar, gynécologue-obstétricienne, ajoute : « Nous avons des patientes qui ont passé des décennies à souffrir avant de recevoir un diagnostic. Cela révèle une médecine patriarcale qui ne prend pas au sérieux la douleur des femmes. » (Interview, *Le Monde*, 2022)

Des biais genrés dans les diagnostics : un problème systémique

Ces exemples ne sont pas des cas isolés : ils reflètent des biais structurels dans la prise en charge médicale. La médecine a historiquement été construite autour des standards masculins, ce qui se traduit par un retard de diagnostic ou des erreurs dans des pathologies propres aux femmes, et une invisibilisation des maladies touchant les hommes. Une étude de *The Lancet* (2020) montre que 70 % des maladies rares touchant principalement les femmes, comme le syndrome de fatigue chronique ou la fibromyalgie, sont encore mal comprises et sous-diagnostiquées.

À l'inverse, certaines pathologies considérées comme « masculines », comme les cancers de la prostate ou du foie, bénéficient d'une meilleure médiatisation et de plus de financements pour la recherche. Mais d'autres maladies touchant les hommes, comme le cancer des testicules, restent entourées de tabous qui freinent le dépistage.

Dr Christelle Ratouit, spécialiste en médecine interne, observe : « Lorsqu'une femme décrit des douleurs généralisées, on lui propose souvent un antidépresseur avant même d'explorer des pistes médicales. Cela illustre un biais systématique dans la prise en charge. » (Conférence, CHU de Lille, 2022)

Un autre biais concerne les troubles de la santé mentale. Les dépressions sont souvent sous-diagnostiquées chez les hommes, car ils tendent à exprimer leur mal-être par des comportements à risque (alcoolisme, violence) plutôt que par des plaintes verbales. Une étude de l'OMS (2021) révèle que les hommes souffrant de dépression ont deux fois plus de risques que les femmes de ne jamais consulter de professionnel.

Dr Nicolas Franck, psychiatre, conclut : « Nous devons reconnaître que les normes de genre influencent profondément la manière dont hommes et femmes interagissent avec le système de santé. Adapter nos pratiques est une question de justice sociale autant que de santé publique. » (Entretien, *La Croix*, 2021)

Recommandations pour un diagnostic égalitaire

Pour surmonter ces inégalités, plusieurs solutions doivent être envisagées :

- former les professionnels de santé aux biais de genre : inclure des modules obligatoires sur les différences de présentation des symptômes entre hommes et femmes ;
- renforcer les campagnes de prévention pour les maladies invisibilisées : intégrer des dépistages systématiques pour des pathologies comme l'ostéoporose chez les hommes ou l'endométriose ;
- améliorer la collecte de données genrées : beaucoup d'études médicales restent centrées sur des cohortes masculines, ce qui fausse les résultats et réduit l'efficacité des traitements.

Dr Karine Lacombe, infectiologue, conclut : « Pour construire une médecine équitable, nous devons cesser de considérer le corps masculin comme la norme.

Il est urgent de remettre en question les bases mêmes de nos pratiques médicales. »
(Conférence, hôpital Saint-Antoine, 2022)

FOCUS
La radicalisation religieuse : un obstacle à l'accès aux soins pour les femmes

Le fait religieux, lorsqu'il s'immisce dans la sphère médicale, peut constituer un frein majeur à l'accès aux soins, en particulier pour les femmes. Si la religion peut parfois jouer un rôle positif, en soutenant spirituellement les plus vulnérables, elle peut également imposer des interdits ou des normes qui entravent l'autonomie des femmes en matière de santé. Ces pressions se manifestent sous diverses formes, allant du refus de l'interruption volontaire de grossesse (IVG) à des restrictions sur la consultation de médecins hommes, en passant par l'influence des dérives sectaires.

Les femmes face au poids des intégrismes catholiques

Dans les milieux catholiques intégristes, l'accès à l'IVG et à la contraception est activement combattu, malgré le cadre légal en vigueur. En France, bien que l'IVG soit un droit fondamental depuis 1975, des mouvements antiavortement continuent d'exercer des pressions sur les femmes et les professionnels de santé. Le rapport de la Délégation aux droits des femmes du Sénat (2021) souligne que certaines associations anti-IVG diffusent de fausses informations médicales sur les conséquences de l'avortement, afin de dissuader les femmes de recourir à cette procédure.

Les femmes ont encore trop souvent à se battre pour accéder à des soins garantis par la loi. La désinformation orchestrée par les milieux intégristes menace leur santé physique et psychologique. Quand j'étais maire adjointe au Mans et chargée de l'Égalité femmes-hommes au gouvernement, j'ai été alertée par l'explosion du nombre de demandes d'IVG à pratiquer dans la Sarthe, autour du Mans. J'ai alors convoqué une réunion avec les parties prenantes, ARS, hôpitaux, etc. Nous avons réalisé qu'un gynécologue était parti à la retraite et n'avait pas été remplacé. L'impact de l'arrêt de prescription des contraceptions avait été direct, y compris sur des femmes adultes…

En 2022, un rapport du Planning familial a révélé que dans 20 % des cas, les femmes souhaitant avorter se heurtent à des refus de prise en charge déguisés sous prétexte de « délais saturés ».

De même, la contraception, bien que largement démocratisée, reste un sujet de controverse dans certains milieux religieux. Des mouvements conservateurs continuent de promouvoir la « méthode naturelle » (observation des cycles), dénigrant les contraceptifs modernes et laissant les femmes vulnérables face à des grossesses non désirées.

Les restrictions des islamistes : un frein à l'autonomie des femmes

Dans certaines communautés influencées par des interprétations rigoristes de l'islam, les femmes se voient interdire l'accès à des médecins hommes, même lorsque cela limite gravement leurs chances d'être soignées correctement. Une enquête menée par l'association Femmes solidaires (2020) montre que 25 % des femmes interrogées dans certains quartiers populaires ont renoncé à consulter un médecin par crainte de la réaction de leur conjoint ou de leur entourage religieux.

Ce contrôle s'étend également aux choix médicaux. Par exemple, des femmes enceintes rapportent des pressions pour refuser des interventions obstétricales nécessaires, comme les césariennes, au motif qu'elles impliqueraient une « violation de leur pudeur ». Ces pressions sont renforcées par un manque de sensibilisation des professionnels de santé aux enjeux culturels et religieux.

Zohra Bitan, militante pour les droits des femmes, affirme : « Les femmes qui subissent le contrôle religieux de leur corps sont enfermées dans une spirale de privation de soins. Cela va bien au-delà du choix d'un gynécologue : il s'agit d'une négation de leur autonomie. » (Conférence, Forum Femmes et Laïcité, 2021)

L'influence de ces pratiques a des conséquences directes sur la santé des femmes : une enquête de l'INSERM (2021) indique que les femmes musulmanes vivant sous des normes patriarcales ont un taux de mortalité maternelle 30 % plus élevé que la moyenne nationale, souvent en raison d'un manque de suivi prénatal ou postnatal.

L'islamisme, en tant qu'idéologie politique radicale qui instrumentalise la religion pour imposer une vision patriarcale et ultraconservatrice de la société, constitue un danger majeur pour la santé des femmes. Et il est temps de le dire sans détour. Cette idéologie ne se contente pas de restreindre les libertés fondamentales des femmes – leur droit à s'éduquer, à travailler, à choisir leur tenue – elle s'immisce directement dans leur corps, leur intimité et leur santé. Parce qu'à travers son obsession pour le contrôle des corps féminins, l'islamisme réduit les femmes à des fonctions biologiques, entrave leur accès aux soins, et les prive d'une prise en charge médicale respectueuse de leurs besoins.

Prenons un exemple concret : dans les systèmes dominés par l'idéologie islamiste, la santé des femmes est souvent reléguée au second plan, subordonnée à des normes religieuses rigides. Les questions de santé sexuelle et reproductive sont particulièrement touchées. L'accès à la contraception, à l'avortement ou même à une simple consultation gynécologique devient un combat pour les femmes. Pourquoi ? Parce que leur corps est vu comme un symbole d'honneur familial ou communautaire, un objet à contrôler, et certainement pas comme un espace qu'elles peuvent revendiquer comme leur propriété.

Dans certains pays où l'islamisme influence la législation, l'avortement est criminalisé, même en cas de viol ou de danger pour la vie de la mère. Résultat : des femmes meurent dans des avortements clandestins, des jeunes filles enceintes après des mariages forcés ou des violences sexuelles sont abandonnées à leur sort. Parce que selon cette vision du monde, la vie d'une femme vaut moins que l'idéologie. Et cela, c'est inacceptable.

Mais l'islamisme ne s'arrête pas à ces attaques directes contre les droits reproductifs. Il affecte également l'accès des femmes aux soins les plus élémentaires. L'exigence de la présence d'un « mahram » (un homme gardien) pour accompagner une femme à l'hôpital, comme cela se pratique dans certaines régions sous domination islamiste, transforme des procédures médicales simples en obstacles insurmontables. Des femmes meurent en couches parce qu'elles ne peuvent pas accéder à des soins en urgence sans l'accord d'un homme. Des adolescentes souffrent de douleurs menstruelles invalidantes parce qu'elles n'osent pas consulter un médecin, de peur d'être accusées de chercher à cacher une activité sexuelle.

Parlons aussi de la mutilation génitale féminine (MGF), une pratique souvent encouragée ou tolérée dans certains cercles islamistes sous couvert de tradition ancestrale. Cette barbarie, qui n'a aucun fondement dans le Coran mais que l'islamisme justifie pour mieux contrôler la sexualité des femmes, cause des douleurs insupportables, des infections chroniques, des complications lors de l'accouchement et une souffrance psychologique immense. Et pourtant, dans trop de régions du monde, elle persiste parce que l'idéologie islamiste continue de nourrir l'idée que le plaisir féminin est un danger à éradiquer.

L'impact psychologique de cette idéologie sur la santé des femmes est tout aussi dévastateur. Imaginez vivre dans une société où votre corps est constamment scruté, jugé, couvert de honte. Où chaque décision, de la manière de vous habiller à votre capacité à travailler ou à conduire, est dictée par des hommes qui se cachent derrière un voile d'autorité religieuse. Cette oppression quotidienne crée un climat de stress, d'anxiété, de dépression. Des millions de femmes vivent dans un état de peur constante, non seulement pour leur sécurité, mais pour leur dignité.

Et soyons clairs : tout cela ne concerne pas que les pays sous influence islamiste directe. Cette idéologie traverse les frontières et s'immisce dans nos sociétés laïques. Quand des courants islamistes cherchent à imposer leur vision du monde dans des quartiers, des écoles ou des espaces publics, ils reproduisent ce contrôle sur les femmes. Ils encouragent des discours culpabilisants sur leur sexualité, leur tenue vestimentaire, leur liberté. Ils dissuadent les jeunes filles d'accéder à une éducation sexuelle complète, essentielle pour leur santé. Ils stigmatisent celles qui osent consulter des médecins hommes ou parler ouvertement de leur corps.

Ce combat, ce n'est pas un combat contre une religion. C'est un combat contre une idéologie politique qui instrumentalise la religion pour oppresser les femmes. Parce que la santé des femmes, leur droit à disposer de leur corps, leur accès aux soins et leur autonomie ne devraient jamais être sacrifiés sur l'autel du patriarcat, qu'il soit religieux ou non. Une société qui bride la santé des femmes, c'est une société qui accepte de leur retirer leur humanité.

Le féminisme laïque a une responsabilité claire ici : refuser tout compromis avec des idéologies qui, sous couvert de traditions ou de croyances, cherchent à faire des femmes des citoyennes de second rang. Refuser de détourner les yeux face à la réalité des femmes qui souffrent, meurent ou se taisent parce que l'islamisme leur a volé leur droit fondamental à la santé. Parce qu'aucune idéologie, aucune croyance, aucune excuse ne devrait prévaloir sur la liberté et la dignité des femmes. Jamais.

Les dérives sectaires : quand la spiritualité devient un danger

Les dérives sectaires touchent majoritairement les femmes, qui représentent 65 % des victimes selon le rapport de la Mission interministérielle de vigilance et de lutte contre les dérives sectaires (MIVILUDES, 2021). Ces mouvements exploitent souvent les croyances spirituelles pour dissuader les femmes de recourir à des soins médicaux, leur promettant des guérisons miraculeuses ou les culpabilisant sur leur « manque de foi ».

Un cas emblématique est celui de Thierry Casasnovas, un gourou prônant des régimes alimentaires extrêmes et déconseillant les traitements conventionnels. Selon la MIVILUDES, plusieurs de ses adeptes, principalement des femmes, ont renoncé à des traitements pour des maladies graves, comme le cancer, avec des conséquences fatales.

Georges Fenech, ancien président de la MIVILUDES, explique : « Les dérives sectaires prospèrent sur la souffrance et la vulnérabilité, en particulier celle des femmes. Elles exploitent leur quête de mieux-être pour les éloigner des soins médicaux. » (Rapport annuel, 2020)

Ces mouvements jouent également sur la culpabilité et la peur : les femmes sont incitées à refuser les vaccins pour leurs enfants ou à privilégier des remèdes « naturels », souvent inefficaces, voire dangereux.

Un enjeu de santé publique et de laïcité

Les impacts du fait religieux sur l'accès aux soins ne se limitent pas à des cas individuels. Ils constituent un véritable enjeu de santé publique, nécessitant des réponses adaptées et fermes :

- renforcer la sensibilisation des professionnels de santé : former les soignants à identifier et gérer les pressions religieuses pesant sur leurs patientes, tout en respectant leurs croyances ;
- protéger les droits des femmes : garantir l'accès à l'IVG et à la contraception sans entrave ;

- lutter contre les dérives sectaires : développer des campagnes de prévention ciblées et soutenir les victimes à travers des dispositifs anonymes et accessibles.

6
Parentalité : inégalités face à la santé reproductive

Les violences obstétricales : un tabou persistant

La parentalité cache une réalité douloureuse pour de nombreuses femmes. Une enquête du Haut Conseil à l'Égalité (2021) révèle qu'une femme sur cinq rapporte avoir subi des violences obstétricales. Ces violences incluent des pratiques médicales réalisées sans consentement éclairé, comme des épisiotomies non consenties, des césariennes imposées ou des touchers vaginaux effectués à des fins pédagogiques sans que la patiente en soit informée.

Dr Marie-Hélène Lahaye, auteure de *Accouchement. Les femmes méritent mieux* (Michalon, 2018), affirme : « Les violences obstétricales traduisent une forme de contrôle sur le corps des femmes. Elles sont l'expression d'une hiérarchie médicale qui refuse aux femmes leur pleine autonomie sur leur propre santé. » (Entretien, *Le Monde*, 2021)

Ces pratiques ont des conséquences physiques et psychologiques durables, accentuées par une minimisation systématique des douleurs post-accouchement. Les suites de couches, pourtant cruciales, sont souvent négligées dans les protocoles médicaux, exposant les femmes à des complications comme des infections, des descentes d'organes ou des douleurs chroniques non traitées.

Infertilité et PMA : tout repose sur les femmes

Le parcours de la procréation médicalement assistée (PMA) illustre à lui seul l'inégalité criante entre hommes et femmes dans la santé reproductive. Alors que les femmes doivent subir des injections hormonales, des examens invasifs (hystéroscopies, échographies intravaginales), des anesthésies générales pour les ponctions ovocytaires, et des variations hormonales aux conséquences physiques et émotionnelles lourdes, l'implication des hommes se limite souvent à un prélèvement de sperme réalisé dans une pièce exiguë.

Dr Aude Mirkovic, juriste spécialisée en bioéthique, observe : « Le poids de la PMA repose quasi exclusivement sur les femmes. Ce déséquilibre reflète une absence de considération pour les effets physiques et psychologiques que ce parcours impose. » (Conférence, Sénat, 2022)

Ce parcours, déjà éprouvant, est aggravé par l'injonction sociale à la réussite, qui culpabilise les femmes en cas d'échec. Une étude de l'INSERM (2020) montre que 40 % des femmes engagées dans un parcours de PMA développent des symptômes de dépression ou d'anxiété liés au stress du processus. Les hommes sont exclus des questions de maternité, combien d'hommes par exemple savent avec précision ce qu'est une épisiotomie ? Ce que sont des lochies ? Comment fonctionne un tire-lait ? Combien utilisent encore l'expression « accouchement sans douleur », ce qui induit qu'on limite la douleur de l'accouchement aux contractions, ni à la cicatrisation, ni aux complications ou à sa surmédicalisation ?

Grossesse et accouchement : une santé négligée

Les inégalités continuent pendant et après la grossesse. Alors que la grossesse est souvent perçue comme un moment de bonheur, elle peut entraîner des complications médicales graves, mal prises en charge faute de temps ou de moyens. Par exemple, les femmes souffrant de déchirures périnéales ou d'épisiotomies signalent fréquemment une absence de suivi adapté, ce qui aggrave le risque d'infections ou de douleurs chroniques.

De plus, la dépression post-partum reste largement sous-diagnostiquée. En France, 15 % des femmes rapportent des symptômes de dépression après l'accouchement (Santé publique France, 2021), mais beaucoup ne consultent pas par peur de stigmatisation ou de minimisation de leurs souffrances.

Dr Géraldine Poirot, psychiatre spécialisée en santé périnatale, explique : « Le baby blues est souvent perçu comme une fatalité passagère, mais il peut évoluer vers une dépression sévère si les femmes ne sont pas soutenues. Ces situations nécessitent une écoute active et des structures dédiées. » (Interview, *Sciences Humaines*, 2022)

Épuisement parental : un enjeu de santé publique

L'épuisement parental touche aussi bien les mères que les pères, mais ses conséquences sont plus visibles chez les femmes, qui portent encore majoritairement la charge mentale familiale. En 2022, une enquête menée par l'Institut ViaVoice révèle que 72 % des femmes avec des enfants en bas âge déclarent ressentir une fatigue physique et psychologique constante.

Cet épuisement a des répercussions directes sur la santé, notamment avec l'augmentation des troubles du sommeil, des douleurs chroniques et des problèmes de santé mentale.

Dr Fabienne Kochert, présidente de l'Association française de pédiatrie ambulatoire (AFPA), alerte : « Les parents, en particulier les mères, souffrent d'un manque criant de soutien postnatal. Cette absence de relais favorise l'épuisement parental, avec des impacts multiples sur leur santé physique et mentale. » (Entretien, *Le Parisien*, 2022)

L'andropause : un silence médical persistant

Contrairement à la ménopause, qui bénéficie d'un suivi et de recherches conséquentes, l'andropause reste peu étudiée et sous-diagnostiquée. Pourtant, cette chute progressive de la testostérone, qui touche environ 20 % des hommes après 50 ans (INSERM, 2021), peut entraîner une fatigue chronique, une perte de libido et des troubles dépressifs souvent ignorés ou minimisés.

Dr Antoine Faix, andrologue, souligne : « Les hommes n'ont pas intégré l'idée que leurs changements hormonaux sont normaux et peuvent être pris en charge. Cela les empêche d'accéder aux soins appropriés. » (Conférence, Société française d'andrologie, 2021)

Recommandations pour une santé reproductive plus équitable

Pour réduire ces inégalités flagrantes, il est crucial de :

- améliorer le suivi postnatal des femmes : inclure des bilans systématiques pour les suites de couches, comme l'évaluation du périnée et des troubles psychologiques ;
- valoriser la place des pères : encourager leur implication active dans la parentalité, y compris dans le cadre de la PMA ;
- briser les tabous autour de la dépression post-partum : mettre en place des campagnes d'information et des structures dédiées pour accompagner les familles ;
- reconnaître l'andropause : sensibiliser les professionnels de santé et le grand public sur les symptômes et les solutions disponibles ;
- rendre obligatoire un rendez-vous avec un psychologue pour les pères et les mères avant et après l'accouchement.

FOCUS
Les déserts médicaux, un impact disproportionné sur la santé des femmes

Les déserts médicaux : un phénomène qui s'aggrave

Les déserts médicaux, ces zones où l'accès aux soins est insuffisant, voire inexistant, touchent aujourd'hui près de 11 % de la population française, soit environ 7 millions de personnes (DREES, 2022). Ces territoires se situent majoritairement en zones rurales, mais également dans des banlieues périurbaines. Si les hommes et les femmes sont globalement touchés par la rareté des praticiens, les femmes en subissent des conséquences particulièrement graves, en raison de leurs besoins spécifiques en santé reproductive et gynécologique.

Dr Cécile Bour, gynécologue et membre du collectif Gyn&Co, explique : « Les déserts médicaux privent les femmes d'un suivi gynécologique de base, comme la contraception ou les dépistages. Cette situation aggrave les inégalités en matière de prévention et d'accès aux soins. » (Conférence, 2021)

Une inégalité structurelle : le suivi gynécologique abandonné

En France, 60 % des gynécologues ont plus de 55 ans et de nombreuses régions souffrent déjà d'un déficit criant. Selon une enquête de l'Ordre des médecins (2021), certains départements, comme la Creuse ou le Lot, ne comptent qu'un ou deux gynécologues pour des dizaines de milliers de femmes en âge de procréer. En Bretagne, par exemple, 40 % des femmes déclarent devoir parcourir plus de 50 kilomètres pour consulter un spécialiste (*Ouest-France*, 2022).

Les conséquences sont alarmantes :

- accès à la contraception : dans ces zones, les femmes rencontrent des délais interminables pour obtenir des prescriptions contraceptives. Ce retard augmente les risques de grossesses non désirées ;
- dépistages : les campagnes de dépistage du cancer du col de l'utérus ou du sein sont compromises par l'absence de praticiens locaux. Une étude de Santé publique France

(2021) montre que le taux de participation au dépistage du cancer du sein est de 59 % dans les zones médicalisées contre seulement 40 % dans les déserts médicaux.

Anne Gauthier, habitante de la Mayenne, témoigne dans *Le Courrier de l'Ouest* : « Quand j'ai découvert une boule dans mon sein, j'ai dû attendre trois mois pour obtenir un rendez-vous dans une autre ville. Heureusement que ce n'était pas un cancer agressif. »

Les violences gynécologiques et obstétricales exacerbées

Les déserts médicaux aggravent également les violences obstétricales et gynécologiques. Les patientes n'ayant d'autre choix que de consulter des praticiens surchargés rapportent des pratiques brutales ou intrusives, comme des épisiotomies non consenties ou des actes médicaux expédiés. Ce manque de choix empêche aussi les femmes de changer de médecin lorsqu'elles rencontrent des comportements inappropriés.

Selon un rapport du Haut Conseil à l'Égalité (2021), les femmes des zones rurales ou isolées sont deux fois plus nombreuses à déclarer avoir subi des violences gynécologiques que celles des zones urbaines.

Les impacts indirects : charge mentale et précarité

Les déserts médicaux amplifient également la charge mentale et économique des femmes. Contraintes de se déplacer loin pour des soins, elles doivent souvent prendre des congés ou gérer des frais supplémentaires, comme le transport ou l'hébergement. Une enquête de l'association Femmes solidaires (2022) montre que 35 % des femmes renoncent à des soins, faute de moyens financiers ou de temps.

Dans ces zones, les femmes actives sont également confrontées à des choix impossibles entre leur santé et leur travail. En l'absence de généralistes ou de gynécologues locaux, elles doivent sacrifier des journées entières pour accéder à des soins spécialisés.

Claire Hédon, défenseure des droits, conclut : « Les déserts médicaux créent des inégalités criantes. Les femmes, en raison de leurs responsabilités familiales et de leurs besoins spécifiques, en sont les premières victimes. » (Rapport annuel, 2021)

Des solutions encore trop timides

Pour remédier à cette situation, plusieurs initiatives ont vu le jour, mais elles restent insuffisantes :

- développer la télémédecine : bien qu'elle puisse répondre à certains besoins, comme le renouvellement d'ordonnances, elle ne remplace pas les examens physiques nécessaires, notamment en gynécologie ;
- inciter les praticiens à s'installer en zone rurale : des dispositifs comme le contrat d'engagement de service public (CESP), qui offre une bourse aux étudiants en médecine contre un engagement à exercer dans des déserts médicaux, doivent être renforcés.

Les déserts médicaux ne sont pas qu'un problème géographique : ils sont une véritable menace pour la santé publique, et encore plus pour celle des femmes. Les chiffres, les témoignages et les études révèlent une réalité urgente qui exige des actions concrètes pour garantir à toutes un accès égal aux soins, quel que soit leur lieu de vie.

7
Les aidants sont des aidantes

Les femmes représentent 80 % des aidants familiaux en France, selon le Baromètre des aidants de la Fondation APRIL (2021). Elles s'occupent de leurs proches âgés ou dépendants, souvent au détriment de leur propre santé physique, mentale et économique. En moyenne, une femme aidante consacre seize heures par semaine aux soins d'un proche, contre neuf heures pour un homme (Enquête Ipsos pour la Fondation France Répit, 2020).

Pr Geneviève Demoulin, sociologue spécialiste des aidants, affirme : « Les femmes sont les piliers invisibles de notre système de dépendance. Elles prennent en charge les soins, les démarches administratives et l'accompagnement quotidien, souvent au prix de leur propre santé et d'un isolement croissant. » (Conférence, université Paris 8, 2021)

Cette charge mentale et physique peut avoir des conséquences graves. Une étude de l'INSERM (2021) montre que 40 % des aidantes déclarent ressentir un épuisement psychologique, et 30 % souffrent de pathologies chroniques liées à leur rôle d'aidante, comme des troubles musculo-squelettiques ou des dépressions.

En plus de ces impacts personnels, les femmes aidantes sont souvent contraintes de réduire leur temps de travail ou de quitter leur emploi. Selon l'INSEE (2020), 20 % des femmes aidantes âgées de 50 à 64 ans abandonnent leur activité professionnelle pour se consacrer entièrement à leurs proches, entraînant une perte de revenus et une retraite diminuée.

Hommes : solitude et risques accrus en fin de vie

Les hommes âgés font face à un autre type d'injustice en fin de vie : la solitude. Moins entourés par leurs proches, ils ont un taux de suicide en maison de retraite deux fois plus élevé que celui des femmes (CNRS, 2020). Ce phénomène s'explique par des relations familiales souvent moins investies, des liens sociaux plus restreints, et une moindre capacité à demander de l'aide.

Dr Laurent Broussais, gériatre au CHU de Lyon, souligne: « Les hommes âgés souffrent particulièrement d'un isolement affectif. Leur réseau social se réduit drastiquement après la retraite, et ils n'ont souvent pas appris à tisser des liens en dehors de leur sphère professionnelle. » (Interview, *Le Monde*, 2022)

Les données montrent également que les hommes ont moins recours aux soins en établissement. Une étude de Santé publique France (2021) révèle que 60 % des hommes de plus de 75 ans retardent leur entrée en EHPAD, même lorsqu'ils ne peuvent plus vivre de manière autonome. Cette réticence accroît leur risque de complications médicales non prises en charge, augmentant la mortalité dans cette tranche d'âge.

Un système qui ignore les besoins spécifiques de chacun

Les disparités entre hommes et femmes en matière de dépendance révèlent des lacunes structurelles dans le système de prise en charge. Les dispositifs actuels reposent largement sur le soutien familial, sans tenir compte des inégalités genrées. Par exemple, les congés aidants restent sous-utilisés: seuls 3 % des aidants y ont recours, et les femmes sont surreprésentées parmi les demandeuses (CNSA, 2021).

Les hommes, quant à eux, sont désavantagés par l'absence d'un accompagnement spécifique à leur isolement. Les programmes de prévention du suicide en maison de retraite, encore embryonnaires, ne répondent pas à l'ampleur du problème. Une étude de l'Observatoire national de la fin de vie (2022) recommande de développer des ateliers de socialisation et des espaces de parole adaptés aux résidents masculins.

Des recommandations pour une dépendance équitablement prise en charge

- Valoriser le rôle des aidants familiaux : mettre en place des formations gratuites pour les aidants, un soutien psychologique systématique et des compensations financières pour les pertes de revenus.
- Renforcer les dispositifs d'accompagnement en établissement : développer des programmes spécifiques pour lutter contre l'isolement des hommes âgés, comme des groupes de parole ou des activités collectives.
- Promouvoir l'équité dans les politiques publiques : inclure une approche genrée dans les stratégies nationales de dépendance, en

prenant en compte les besoins différenciés des hommes et des femmes.

Cécile Gauthier, directrice de l'Observatoire national de la fin de vie, conclut : « L'égalité dans la dépendance ne signifie pas traiter hommes et femmes de manière identique, mais répondre à leurs besoins spécifiques. Cela passe par une reconnaissance des sacrifices des aidantes et un accompagnement renforcé pour les hommes isolés. » (Rapport annuel, 2022)

8
Femmes, hommes : vers une santé équitable pour tous !

Santé, genre, classe sociale et discriminations culturelles

Les inégalités de santé ne se limitent pas au genre : elles se croisent avec d'autres facteurs comme l'origine sociale, l'appartenance ethnique ou le handicap. Par exemple, les femmes des milieux défavorisés consultent 30 % moins souvent des spécialistes en raison des coûts et de la précarité (DREES, 2022). Les hommes issus de ces mêmes milieux sont davantage exposés aux métiers dangereux : 82 % des décès liés à des accidents du travail concernent des hommes (INRS, 2021).

Les biais culturels aggravent ces écarts. Les femmes noires ont un risque de mortalité maternelle trois fois plus élevé que les femmes blanches en France, en raison d'un accès limité aux soins et de discriminations systémiques (OMS, 2021). Ces écarts doivent être abordés par une approche complète pour garantir une santé équitable.

Technologie et santé : un progrès sous conditions

Les outils technologiques, comme l'intelligence artificielle (IA), pourraient contribuer à réduire les inégalités, mais ils risquent aussi de les amplifier. Par exemple, des algorithmes d'IA utilisés pour le diagnostic médical ont été entraînés sur des données masculines, ce qui les rend moins performants pour détecter des pathologies féminines (*Nature Medicine*, 2020).

En revanche, la télémédecine peut offrir des opportunités pour les patients vivant dans des déserts médicaux. Cependant, elle reste difficilement accessible aux populations précaires ou âgées, et son adoption est freinée par les inégalités numériques. Une étude OpinionWay (2022) révèle que 40 % des femmes déclarent ne pas avoir le temps nécessaire pour utiliser ces outils, en raison de leur charge mentale.

Santé LGBTQIA+ : des besoins spécifiques encore négligés

Les personnes LGBTQIA+ subissent des discriminations spécifiques dans l'accès aux soins. En France, 34 % des personnes transgenres déclarent avoir été discriminées par un professionnel de santé (Enquête FRA, 2021). Cette situation est aggravée par un manque de formation des soignants sur leurs besoins spécifiques.

En matière de prévention, les campagnes de dépistage ne ciblent pas suffisamment ces populations. Par exemple, les lesbiennes ont moins accès aux dépistages pour le cancer du col de l'utérus, bien qu'elles soient tout autant exposées au HPV (Étude BMJ, 2019). Une meilleure inclusion des minorités sexuelles et de genre dans les politiques de santé est cruciale.

Conclusion
L'urgence d'une égalité en santé à tous les niveaux

Que serait un soignant féministe ?

Un soignant véritablement féministe serait d'abord quelqu'un qui place l'écoute au cœur de sa pratique, conscient que, trop souvent, la parole des patientes est minimisée, voire ignorée. Il comprend que chaque personne qui entre dans son cabinet porte une histoire unique, et il s'efforce de valider cette expérience, qu'elle soit simple ou complexe. Il sait qu'un corps n'est pas seulement un ensemble de fonctions biologiques, mais un espace habité par des émotions, des doutes, des vécus qu'il faut prendre en compte. Il crée un espace sécurisant où la patiente peut s'exprimer sans crainte d'être jugée ou réduite à des stéréotypes. Ce soignant reconnaît l'expertise de la patiente sur son propre corps et encourage un dialogue véritablement collaboratif.

Dans sa démarche, il porte un regard lucide sur les biais de genre qui traversent encore le champ médical. Il a appris, par exemple, que les maladies cardiovasculaires tuent autant de femmes que d'hommes, mais que leurs symptômes sont souvent différents, moins « classiques », et donc ignorés. Il sait que l'endométriose a été longtemps négligée par les études, laissant des générations de femmes souffrir en silence. Il ne se contente pas de ces constats : il agit. Il s'informe, lit, s'interroge. Il est conscient que des stéréotypes – comme celui qui associe les femmes à une plus grande émotivité ou qui imagine les hommes plus résistants à la douleur – peuvent influencer le diagnostic et la qualité des soins. Son regard est intersectionnel : il sait que le genre interagit avec d'autres réalités comme l'âge, l'origine ou l'orientation sexuelle, et qu'il ne peut prétendre comprendre une patiente sans reconnaître toutes ces dimensions de son identité.

Dans son cabinet, le consentement est une valeur fondamentale. Ce soignant s'assure que chaque acte médical, chaque geste, est précédé d'une explication claire et d'un véritable accord. Il respecte les choix de ses patientes, qu'il s'agisse de questions de contraception, de grossesse ou de traitements médicaux. Il évite tout paternalisme, refusant de dicter ce qui serait « bon » pour elles. À l'inverse, il accompagne, conseille, mais laisse toujours l'ultime décision à celle ou celui qui porte son propre corps.

Sa pratique est profondément inclusive. Il parle avec des mots qui respectent les identités de genre de chacun et chacune, adoptant un langage qui ne présume ni ne réduit. Il accueille les femmes, mais aussi les personnes transgenres ou non binaires, avec la même attention, veillant à ce que leurs besoins, souvent oubliés, trouvent enfin une réponse. Il refuse de juger une patiente sur son apparence, son poids, ses choix de vie. Il ne projette pas sur elle les normes oppressives de la société, mais la rencontre telle qu'elle est.

Il porte aussi une attention particulière à des réalités difficiles, comme les violences de genre. Ce soignant est formé pour détecter et écouter, avec délicatesse et respect, les victimes de violences sexuelles, conjugales ou obstétricales. Il pose des questions sensibles, mais toujours dans un cadre qui protège la dignité de la patiente. Il sait qu'un simple examen médical peut parfois raviver un traumatisme, et adapte ses gestes pour éviter d'aggraver des blessures invisibles. Là où il le peut, il oriente vers des ressources adaptées, créant un réseau de soutien autour de celles et ceux qui en ont besoin.

Ce soignant est aussi profondément engagé dans une remise en question constante. Il sait que personne n'est à l'abri de ses propres biais, et il se tient en éveil face à ses réflexes ou à ses pensées automatiques. Il cherche à apprendre, à se former, à déconstruire, toujours. Il ne se contente pas d'agir dans son cabinet : il milite, à sa manière, pour une médecine plus juste. Il demande que les maladies spécifiques aux femmes soient mieux étudiées, que les inégalités de recherche soient corrigées, et que les violences médicales soient reconnues et combattues.

Enfin, il adopte une vision élargie de la santé. Pour lui, la santé des femmes ne se limite pas à leur fonction reproductive. Il s'intéresse à leur bien-être global : leur santé mentale, leurs douleurs chroniques, leurs problématiques sociales. Il comprend que le corps est traversé par les pressions de la société, par les inégalités économiques, par les discriminations systémiques. Sa pratique ne se limite pas à un soin, elle cherche à réparer, à apaiser, à reconnaître la complexité d'une vie.

En somme, un soignant féministe est quelqu'un qui agit avec empathie et conscience, mais aussi avec un désir profond de changer les structures injustes. Il fait de chaque consultation un acte politique, en créant un espace où l'égalité, le respect et la dignité sont au centre. Plus qu'un soignant, il devient un allié dans la lutte pour une médecine et une société plus humaine. Les médecins qui communiquent en ligne, même s'ils sont parfois regardés de travers par certains confrères, font œuvre utile. Ainsi que Mon.Gyneco sur Instagram milite contre les pastilles vendues aux femmes pour parfumer leur vagin ou lutte contre le *body shaming* des patientes, c'est un message salutaire. De la même manière, quand certains gynécologues partagent les études montrant que la qualité du placenta et les symptômes de grossesse dépendent du sperme du futur papa ou que les fausses couches ne sont pas une conséquence d'un mauvais comportement de la future mère, ils agissent pour le mieux !

Que serait une médecine égalitaire ?

Une médecine égalitaire, qui prendrait véritablement en compte les différences entre les sexes et les genres, pourrait transformer radicalement les systèmes de santé en termes de prévention, de diagnostic, de traitement et de résultats pour la santé. Voici les principaux changements qu'une telle approche apporterait :

1. Une meilleure prévention, basée sur des données inclusives :

- recherches spécifiques au genre : les études incluraient systématiquement des cohortes équilibrées en termes de sexe et de genre, évitant les biais historiques (comme l'exclusion des femmes des essais cliniques) ;
- compréhension accrue des risques : par exemple, les maladies cardiovasculaires, souvent perçues comme « masculines », sont la première cause de mortalité chez les femmes, mais les symptômes féminins diffèrent des classiques (douleurs thoraciques). Une prévention adaptée permettrait d'intervenir plus tôt ;
- campagnes de sensibilisation ciblées : les campagnes de santé publique tiendraient compte des différences biologiques, sociales et culturelles entre les genres (par exemple, les approches pour encourager la cessation du tabac pourraient varier entre hommes et femmes).

2. Diagnostics plus précis et rapides :

- prise en compte des différences biologiques : de nombreuses pathologies se manifestent différemment selon le sexe (douleur, symptômes atypiques, expression hormonale, etc.). Les outils diagnostiques et les formations médicales intégreraient ces variations ;
- éviter les diagnostics genrés : les femmes, par exemple, sont souvent sous-diagnostiquées pour certaines pathologies comme l'autisme ou les troubles cardiaques. Une approche égalitaire réduirait ces erreurs ;
- médecine personnalisée : avec des données genrées, il serait possible d'offrir des diagnostics mieux adaptés aux individus, au-delà des généralisations basées sur le sexe.

3. Traitements mieux adaptés et efficaces :

- dosages différenciés : les dosages des médicaments seraient ajustés pour tenir compte des différences métaboliques entre les sexes (ex. poids corporel, hormones, enzyme CYP450) ;
- effets secondaires mieux anticipés : les femmes rapportent souvent plus d'effets secondaires, en partie parce que les

médicaments sont généralement testés sur des hommes. Les traitements seraient développés pour réduire ces disparités ;

- médecine reproductive inclusive : les soins de santé relatifs aux hormones, à la grossesse, à la contraception et à la ménopause deviendraient une priorité, au lieu d'être sous-financés ou mal compris.

4. Réduction des inégalités en matière de santé :

- accès équitable aux soins : une médecine égalitaire intégrerait aussi des enjeux socioculturels. Les femmes consultent plus souvent mais sont parfois moins prises au sérieux, tandis que les hommes retardent leurs soins par peur d'être perçus comme « faibles » ;
- repenser la douleur : une reconnaissance accrue des différences dans la perception et l'expression de la douleur mettrait fin à la tendance à minimiser la douleur des femmes ou à attribuer des causes psychologiques injustifiées ;
- soins centrés sur le patient : une approche intersectionnelle tiendrait compte des interactions entre sexe, genre, âge, ethnicité et autres facteurs sociaux.

5. Transformation des politiques de santé publique :

- formation médicale reformée : les écoles de médecine enseigneraient systématiquement les différences entre les sexes dans tous les domaines (cardiologie, neurologie, psychiatrie, etc.) ;
- allocations budgétaires équilibrées : les recherches médicales recevraient des fonds équilibrés pour explorer des problématiques touchant autant les femmes que les hommes ;
- politiques inclusives : les législateurs et décideurs en santé publique adopteraient des cadres qui garantissent l'équité dans les programmes de soins et de prévention.

6. Impact global sur la société :

- augmentation de l'espérance et de la qualité de vie : en prenant mieux en charge les pathologies sous-diagnostiquées ou mal soignées chez certains groupes, la santé globale de la population s'améliorerait ;
- diminution des coûts de santé : des diagnostics précoces et des traitements adaptés réduiraient les hospitalisations inutiles, les complications et les maladies chroniques mal gérées ;

- changement des mentalités : une telle médecine valoriserait l'individu dans toute sa complexité, réduisant les stéréotypes genrés dans la société.

En conclusion, une médecine égalitaire améliorerait non seulement les résultats pour la santé des femmes et des hommes, mais contribuerait aussi à bâtir une société plus juste, où chacun est pris en charge selon ses besoins spécifiques, sans préjugés ni biais. Ce changement nécessiterait des réformes systémiques, mais les bénéfices seraient immenses, tant sur le plan individuel que collectif.

Comment agir pour obtenir cela ?

1. Les initiatives existantes et le rôle des pouvoirs publics

Face aux inégalités de santé entre les femmes et les hommes, nombreuses sont les initiatives qui cherchent à combler ces écarts. Associations, mutuelles et fondations jouent un rôle crucial dans cette lutte. Par exemple, Equipop milite pour les droits en santé des femmes à l'échelle mondiale, en mettant en avant l'importance de l'éducation et de l'accès aux soins. En France, Femmes de Santé, fondée par Marie Claire Villeval, rassemble des professionnelles de santé pour innover dans la prise en charge des femmes, tandis que Femmes et Sciences sensibilise à l'importance de la recherche genrée pour mieux comprendre les spécificités physiologiques de chaque sexe.

Des associations comme Agir pour le Cœur des Femmes, portée par le Pr Claire Mounier-Vehier, rappellent l'urgence de mieux diagnostiquer et prévenir les maladies cardiovasculaires féminines, souvent négligées par le système médical. À l'international, Women Deliver et Girls Not Brides s'attaquent aux enjeux structurels qui limitent l'accès des femmes à des soins de qualité, notamment dans les pays en développement.

Les pouvoirs publics ont également leur rôle à jouer. Ces dernières années, des avancées notables ont été réalisées : la légalisation de la PMA pour toutes les femmes, le remboursement des perruques de qualité pour les femmes atteintes de cancer, ou encore la possibilité de renouveler sa pilule contraceptive avec une ordonnance expirée. Ces mesures témoignent d'une volonté politique d'avancer, mais elles ne suffisent pas à elles seules. Le Plan national de santé publique, qui inclut désormais des priorités genrées, est un signal encourageant, mais il nécessite des moyens et un suivi pour transformer les ambitions en résultats concrets.

Enfin, il est essentiel de saluer les médecins et les chercheurs engagés dans cette lutte. La Fondation de l'Avenir, dont le conseil de surveillance est présidé par Matthias Savignac, coauteur de ce livre, joue un rôle clé dans le financement de projets innovants qui intègrent les spécificités de genre en santé. Ces initiatives montrent que des solutions existent, mais qu'elles nécessitent une mobilisation collective pour changer durablement le paysage de la santé en France.

2. L'éducation à la santé, un rôle clé pour l'école

L'école doit être au centre de cette transformation. Dès le plus jeune âge, les élèves doivent être sensibilisés aux enjeux de santé, aux spécificités des corps féminins et masculins, et à l'importance de consulter des professionnels dès les premiers symptômes. L'éducation sexuelle, souvent limitée aux aspects biologiques et mécaniques, doit intégrer des dimensions plus larges comme le consentement, les troubles menstruels ou encore la santé mentale.

Les tabous entourant la santé mentale des hommes et les douleurs des femmes ne se déconstruiront que par un effort éducatif massif. Une meilleure compréhension des enjeux de santé dès l'adolescence pourrait prévenir des comportements à risque, réduire les retards de diagnostic, et encourager une prise en charge plus rapide. Les campagnes scolaires de dépistage, souvent limitées aux visites médicales sommaires, pourraient être élargies pour inclure des questions spécifiques à chaque genre, comme les troubles hormonaux pour les jeunes filles ou les risques liés aux conduites à risque pour les garçons.

Les initiatives comme celles menées par Equipop, qui promeut l'éducation à la santé sexuelle dans les établissements scolaires, ou les programmes de sensibilisation développés par Femmes et Sciences, montrent qu'un investissement dans l'éducation est une des clés pour réduire les inégalités en santé. Ces efforts doivent être soutenus et amplifiés par les pouvoirs publics.

3. Progrès réalisés et perspectives pour l'avenir

Les progrès réalisés ces dernières années sont indéniables, mais ils ne doivent pas occulter le chemin qu'il reste à parcourir.

Le combat pour l'égalité en santé ne se limite pas à des réformes ponctuelles : il nécessite une refonte structurelle du système médical, en intégrant systématiquement une approche genrée dans les politiques publiques, la formation des soignants, et la recherche.

Dans les décennies à venir, plusieurs priorités doivent guider les actions :

- renforcer la formation des professionnels de santé sur les biais genrés, pour éviter des retards de diagnostic comme ceux constatés dans l'endométriose ou les maladies cardiovasculaires féminines ;
- financer massivement la recherche médicale pour mieux comprendre les spécificités des corps féminins et masculins, à l'instar de ce que promeut la Fondation de l'Avenir ;
- garantir un accès équitable aux soins, même dans les zones rurales ou les déserts médicaux, où les femmes sont particulièrement pénalisées ;
- accroître les dispositifs de soutien psychologique pour les hommes, afin de briser les tabous qui entourent leur santé mentale.

Comme le souligne la Dr Catherine Vidal, neurobiologiste : « La santé des femmes et des hommes est façonnée par des constructions sociales. Réduire les inégalités, c'est avant tout reconnaître ces biais et agir en conséquence. » Ce constat doit servir de boussole pour les politiques publiques et les initiatives privées.

L'engagement des associations, des mutuelles et des acteurs publics doit s'accompagner d'une mobilisation citoyenne. Chacun a un rôle à jouer : dénoncer les inégalités, soutenir les associations qui militent pour une meilleure prise en charge, ou simplement remettre en question les stéréotypes qui influencent nos comportements face à la santé.

Un appel à l'action collective

L'égalité en santé ne doit pas être un objectif lointain, mais une ambition immédiate et collective. Ce livre n'a pas pour but de simplement dresser un constat des inégalités, mais d'inviter à agir. Associations comme Agir pour le Cœur des Femmes, Femmes de Santé, EndoFrance, Fédération Nationale Solidarité Femmes, Femmes de Santé, Regards de Femmes ou encore la Fondation de l'Avenir montrent qu'il est possible de faire bouger les lignes.

Les mutuelles, les écoles, les pouvoirs publics mais aussi chaque citoyen ont une part à jouer dans ce combat. Simone Veil, grande figure des droits des femmes, rappelait que « la justice sociale commence par le droit à la santé ». Il est temps de rendre cette justice accessible à tous, pour que chacun, quel que soit son sexe ou son genre, puisse bénéficier d'un système de santé équitable et humain.

Politiques publiques et santé genrée : quelles actions pour demain ?

Pour corriger ces inégalités, les politiques publiques doivent intégrer des objectifs clairs :

- renforcer la formation des soignants : actuellement, seulement 10 % des écoles de médecine incluent des modules sur les différences de genre dans leur programme (INSERM, 2021) ;
- augmenter la collecte de données genrées : cela permettrait de mieux identifier et comprendre les écarts pour mieux les combler ;
- lancer des campagnes de prévention ciblées : par exemple, sensibiliser les hommes à l'ostéoporose et les femmes aux symptômes atypiques des crises cardiaques pourrait sauver des vies.

En intégrant ces approches, nous pourrions construire un système de santé qui traite équitablement chaque individu, indépendamment de son genre ou de ses spécificités.

Annexe

Lettre de demande de rapport sur les violences gynécologiques et obstétricales en 2017, par Marlène Schiappa, alors secrétaire d'État chargée de l'égalité femmes-hommes.

En 2013, le Collectif interassociatif autour de la naissance (CIANE) soulignait dans un rapport : il est tout à fait regrettable que les taux d'épisiotomie ne soient pas publiés par maternité. Le CIANE en appelle aux autorités publiques afin qu'elles fassent respecter cette exigence minimale de transparence. Les chiffres publiés par les maternités sont tous en dessous, voire très en dessous de la moyenne nationale, et les établissements qui les publient sont ceux qui ont de faibles taux.

Dans son enquête sur les accouchements de novembre 2013, il notait pour la période 2010-2013 :

- 47 % d'épisiotomie pour un premier enfant, dont 85 % sans consentement demandé ;
- 70 % d'épisiotomies pour les primipares avec extraction instrumentale.

Depuis 2005, ce taux est en baisse, grâce notamment aux recommandations du Collège national des gynécologues et obstétriciens français (CNGOF). Une étude de l'association Maman Travaille, menée sur 983 mères en 2013, relevait néanmoins que 75 % d'entre elles disaient avoir subi une épisiotomie.

Cette étude a été citée par la secrétaire d'État au cours de son audition devant la délégation aux droits des femmes du Sénat, le jeudi 20 juillet. Elle avait alors pris soin de préciser que ces chiffres devaient être vérifiés. Le tabou de l'épisiotomie n'est levé que depuis quelques années.

L'Organisation mondiale de la santé (OMS) relève quant à elle qu'« un taux supérieur à 20 % relève d'une déformation culturelle ». Par ailleurs, de très nombreux témoignages de femmes handicapées victimes de violences obstétricales ont été rapportés par l'association Femmes pour le dire, femmes pour agir, reçue par moi lundi 17 juillet.

C'est pour cette raison que la secrétaire d'État a demandé au Haut Conseil à l'Égalité entre les femmes et les hommes (HCE) de produire un rapport permettant un état des lieux pour objectiver le phénomène, le quantifier et identifier les problématiques. Les gynécologues-obstétriciens y seront bien largement associés.

Les disparités de ressentis sont réelles entre les femmes et les obstétriciens, qui consacrent leur vie à la santé des femmes. Il n'appartient pas au gouvernement de dire quelle est la réalité des chiffres, mais d'apporter une réponse aux femmes qui font part de leurs souffrances. La considération qui est évidemment due aux professionnels de santé, en première ligne, ne doit pas entraver la nécessité de lever des sujets tabous comme les violences obstétricales.

Remerciements

À toutes et tous les professionnel(le)s, les activistes et les expert(e)s du monde médical, les mutuelles, associations, fondations, ONG, réseaux, entreprises, qui agissent pour améliorer la prise de conscience comme la prise en charge des femmes, et aussi des hommes, face à leurs problématiques de santé, de la prévention à la guérison, en passant par le parcours administratif ou l’accompagnement dans leur santé mentale, sans aucun tabou.

Table des matières

Matthias Savignac est président de MGEN, et vice-président délégué du groupe VYV. Il préside aussi le Conseil de surveillance de la Fondation de l'Avenir, pour la recherche.

Marlène Schiappa, ancienne ministre, associée de Tilder, préside l'ONG Actives. Elle est également fondatrice du Next Women 40 et a dirigé pendant dix ans l'association Maman travaille.

Pour limiter l'empreinte environnementale
de leurs livres, les éditions de l'Aube
font le choix de papiers issus de forêts durablement
gérées et de sources contrôlées.

Achevé d'imprimer en juillet 2025
sur les presses de l'imprimerie Firmin-Didot
pour le compte des éditions de l'Aube
331, rue Amédée-Giniès, F-84240 La Tour-d'Aigues

Numéro d'édition: 6114
Dépôt légal: août 2025
Numéro d'impression: 184658

Imprimé en France